KB216380

임승필 신부님(1950-2003년)과
저와 함께『주석성경』마무리 작업을 하신
제위 신부님께
이 작은 책자를 헌정합니다.

다 이루어졌다
– 영광의 책

2023년 06월 27일 교회인가(서울대교구)
초판 찍은 날 2023년 08월 08일
초판 펴낸 날 2023년 08월 18일

지은이 이기락

펴낸곳 오엘북스
펴낸이 옥두석

편집장 이선미 | 책임편집 임혜지
디자인 이호진

출판등록 2020년 1월 7일(제2020-000115호)
주소 경기도 고양시 일산동구 중앙로 1055 레이크하임 206호
전화 031. 906-2647 | 팩스 031. 912-6643
홈페이지 https://blog.naver.com/olbooks
이메일 olbooks@daum.net

ISBN 979-11-984159-1-2 03230

요한복음 신학&영성 2

다 이루어졌다

| 영 | 광 | 의 | 책 |

이 기 락

오엘북스

■ 일러두기
· 이 소책자에서 인용되는 성경 구절은 『주석성경』(한국천주교주교회의, 2010)을 따랐다.
· 고유명사와 성경 구절의 약어 표기 등은 『성경』(한국천주교주교회의, 2005)을 표준으로 삼았다.
· 이 소책자에 수록된 그림은 김형주(이멜다) 화백의 작품이다.

"우리는 그분의 영광을 보았다.
은총과 진리가 충만하신 아버지의 외아드님으로서 지니신 영광을 보았다."
(요한 1,14)

차 례

'요한복음 신학&영성'을 펴내면서

길고 지루하게 이어지던 코로나19 팬데믹의 여파로 마주하게 된 '새로운 일상(new normal)'에 적응하기 위해 그 첫 단계로, 갖가지 핑계를 대며 소홀히 하였던 하루 '만보걷기'를 제대로 해야겠다고 다짐하게 되었습니다. 하루 목표치를 채우기 위해서는 적지 않은 시간을 일부러라도 걸어야 했는데, 여러 가지 상념이 오가는 중에 지금까지 학생 신분으로 배우고, 선생으로 가르치고, 사제로 선포한 내용들을 하나둘씩 정리해 보면 어떨까 하는 생각이 스치곤 했습니다. 그리고 공부한 것이 성서학이니 당연히 성경을 중심으로 살펴보되, 성서주석학적인 측면에서보다는 내가 믿고 고백하는 내용을 신앙 고백적 차원에서 종합해 보고 싶다는 하나의 생각으로 모아지게 되었습니다.

이번에 출간하는 소책자의 성격을 굳이 말씀드린다면, 이 책은 성경의 통시적·공시적 방법론에 기초한 주석서라기보다는, 그동안 여러 학자들이 땀과 노력으로 탐구하여 일구어낸 요한복음에 대한 방대한 연구 결과의 한 부분을, 저 나름대로 정리하여 설명하는 해설서라고 첨언하고 싶습니다. 특히 독자들이 성경에 계시된 심오한 진리와 신비에 부담 없이 접근하면서 올바로 이해하는 데에 조금이나마 도움을 주기 위하여, 한국천주교주교회의가 발간한 『주석성경』(2010)에서 제시하는 주석내용을 기본적 토대로 하고, 여러 학자들의 학설과 주장을 성서 신학적이고 사목적인 측면에서 요약 정리하면서, 저의 의견에 따라 첨삭하고 부연설명하기도 하였습니다. 구체적이고 전문적인 성경 주석이나 자세한 각주 등은 생략하고, 별도로 간략하게 '참고문헌'을 제시하는 것으로 대신하였습니다. 많은 학자들의 학문적 성과에 상당 부분 의존하면서도 출처를 일일이 제시하지 못했음을 밝히면서 그 빚에 대하여 이렇게 감사의 인사를 전합니다.

　『주석성경』이 출간되기까지 최종편집을 책임졌던 담당자로서 그동안 저는, 하느님 말씀의 신비에 대하여 『주석성경』이 제시하는 객관적인 시각과 해설이 뛰어나다는 점을 늘 널리 알리고 싶었습니다. 미약하나마 오늘에야 그 소망을 전할 기회를 만들게 되었습니다. 잘 아시는 바와 같이, 한국천주교회는 1988년 성경 본문에 충실하면서도 전례용으로 사용할 수 있는 우리말 성경 번역 작업에 착수하여, 2005년에 가톨릭 『성경』을, 2010년에는 『주석성경』을 출간하였습니다. 이 뜻깊고 영예로운 작업을 한국천주교주교회의 성서위원회 총무 임승필(요셉) 신부님께서 주관하여 열정과 헌신으로 각고의 노력 끝에 성경 번역 및 주석 작업을 중후반 정도 수준까지 올려놓으셨습니다. 그러나 뜻밖에도 임 신부님은 2003년 갑자기 하느님의 부르심을 받고 하늘나라에 오르시게 되었습니다. 그래서 한사코 고사하던 제가 그 후임 직무를 맡게 되었습니다. 이 기회에, 최초의 가톨릭 『성경』은 물론 『주석성경』의 기초 작업을 통하여 한국천주교회에 커다란 선물을 남기고 홀연히 하느님 곁으로 떠나, 하느님과 함께 영원한 안식을 누리시는 임승필 신부님께, 선종 20주년을 맞이하여 다시 한 번 더 감사의 마음을 전하면서 이 작은 책자를 헌정하고자 합니다.

임 신부님에 이어 저와 성서번역위원회 신부님들은 성경 원문 번역 및 주석에 대한 마무리 작업을 함께 해나가는 과정에서, 한 쪽으로 편향된 이론이나 학설, 또는 일방적인 주장에 치우치지 않고 객관성을 담보하면서, 또한 과하거나 부족하지 않도록 절제된 언어와 표현을 통하여 균형 감각을 유지하면서, 성경 원문을 번역하고 해석하려고 부단히 노력하여 『주석성경』이 지금의 모습으로 빛을 보게 되었습니다.

이 『주석성경』의 내용을 중심으로 현재까지 저는, 30년 넘게 거의 줄곧 가톨릭대학교 신학대학에서 성서와 관련된 강의를 해오고 있습니다. 독자 여러분도 이 『주석성경』을 '거룩한 독서'를 위한 지침서로 삼아 성경 연구의 기쁨과 보람은 물론, 하느님 말씀의 행간에 담긴 심오하고 충만한 의미를 더 깊이 이해하고 깨달아 신앙생활에 큰 도움을 얻기를 기원합니다.

"당신 말씀은 제 발에 등불, 저의 길에 빛입니다."(시편 119,105)

신약성경 네 복음서 가운데 가장 늦게 저술된 요한복음(90-100년경)은 로마 황제들이 그리스도인을 가장 가혹하게 박해하던 시기를 배경으로 집필됐다고 추정합니다. 그런데 요한복음에서는 예수님에 관한 기쁜 소식과 신비를 전하는 방법에 있어서, 앞서 집필된 공관복음서(마태오·마르코·루카)와는 눈에 띄는 차이점이 발견됩니다. 공관복음서가 예수님의 여러 가지 짧은 말씀을 한데 모아놓거나, 간략한 말씀이 곁들여진 기적 이야기로 된 작은 단락들을 중심으로 저술되었다면, 요한복음은 예수님과 관련된 사건이나 그분께서 일으키신 표징, 곧 기적들을 선별하여 전해준다는 점입니다.[1] 또한 요한복음의 경우 대부분, 이

---

1. 표징과 관련하여 다음 말씀 참조. 『주님께서 아하즈에게 다시 이르셨다. "너는 주 너의 하느님께 너를 위하여 표징을 청하여라. 저 저승 깊은 곳에 있는 것이든, 저 위 높은 곳에 있는 것이든 아무것이나 청하여라."』(이사 7,11) 이사야서에 따르면 '표징'은 단순히 기적이 아니라, 곧바로 또는 조금 뒤에 눈으로 직접 볼 수 있는 것으로서, 오랜 뒤에 일어날 사건을 확신을 가지고 기다릴 수 있게 도와주는 역할을 한다(이사 8,18; 20; 37,30; 38,7-8 참조). 또한 요한묵시록에서는 영적으로 의미가 있는 사물이나 사건, 장면을 뜻한다(묵시 12,1 참조).
사실 예수님께서 행하신 '기적(그리스말 δύναμις, 뒤나미스)'과 '표징(그리스말 σημεῖον, 세메이온)'은 구별되는 용어이다. 공관복음은 보통 기적들을 표현할 때는 '뒤나미스(권능의 행위)'라는 단어를 사용하는 반면, 메시아 시대의 개시를 알리는 큰 이적을 표현할 때는 '세메이온(표징, 징표)'을 사용한다(마태 12,38; 16,1-4; 마르 8,11-12; 루카 11,16.29). '기

"예수님께서 메시아시며 하느님의 아드님이심을 여러분이 믿고,
또 그렇게 믿어서 그분의 이름으로 생명을 얻게 하려는 것이다."(20,31)

러한 사건이나 표징을 소개한 후, 여기에 담긴 의미를 담화(계시담화)나
설교로 길게 설명하는데, 이렇게 해 나가다가 어느 한 순간에 독자에
게 믿음의 결단을 촉구하면서 매우 극적인 정점에 다다르기도 합니다.

적(뒤나미스)'이 예수님께서 행하신 놀라운 일이나 사건 자체에 관심이 있다면, '표징(세메
이온)'은 예수님께서 행하신 그 일이, 과연 그분이 누구신지 그 신원을 드러내 주는 역할을
하면서 그분에 대한 믿음에 이르도록 돕는 데 있다. 구약성경의 전통(이사 66,19)을 이어받
은 요한복음 사가는 일곱 가지 기적(표징)을 전할 때, 예수님에게서 종말의 사건이 일어난
다는 사실을 가리키기 위하여 '세메이온'이라는 단어를 사용하였다. 그러므로 예수님께서
하나의 기적으로 일으키신 표징은, 그 자체로 종말론적 사건이 되며 이를 일으키신 예수님
에 대한 믿음을 촉구한다.

요한복음은 공관복음에 소개되지 않거나 설령 소개된다 하더라도 다른 시각에서 전해주는 표징(기적)과 행적과 가르침이 주를 이루고 있습니다. 이러한 표징을 통하여 모든 사람이, 예수님께서 구세주(그리스도)요 하느님의 아드님이심을 깨닫고 믿어서 구원을 얻고 그분이 주시는 영원한 생명에 참여하도록 촉구하려는 의도에서 요한복음이 저술되었기 때문입니다(요한 20,31 참조). 이와 같이 요한복음은, 예수님에게서 이루어지는 구원 사건들을 일어난 그대로 이야기하는 것이 아니라, 그 사건들의 중요성을 파악하고 그것을 깊이 있게 창조적으로 표현하였습니다.

대부분의 학자들은, 요한이 당시의 큰 철학적·종교적 흐름이 합류하는 지역, 곧 그리스적 사상과 근동의 신비주의가 만나고, 유다교 자체도 바뀌어서 외부의 여러 영향에 개방적이었던 대도시[2]에 살면서, 오랜 묵상 끝에 자기가 터득하고 또 높이 평가하게 된 여러 사조를 완벽하게 자유로운 입장에서 취합하여, 메시아시며 하느님의 아드님이신(20,31) 예수님의 실체(신원)와 역할이 무엇인지 밝히려고 하였다고 주장합니다.

그래서인지 요한복음은 많은 상징적 표현을 사용합니다. 그것은 있는 그대로의 언행, 곧 첫눈에 파악되는 현상 너머로 독자들을 이끌어 무엇인가를 보여주려는 저자의 신학이 반영되어 있다는 의미일 것입니다. 요한복음 사가가 주님께서 직접 보여주신 표징과 가르침들을 깊

---

2. 2세기 말엽에 이레네오가 "그 다음, 주님의 제자인 요한, 주님의 가슴에 몸을 기대었던 바로 그 사람도 에페소에 머무르는 동안 복음서를 출간하였다." 하고 증언한 바에 따르면 그 대도시는 '에페소'를 가리킬 수 있다.

이 명상하여 복음서를 저술하고 그분에 관하여 증언하였기 때문에, 요한복음은 영성적인 복음서라고 불려 왔습니다. 이미 옛날부터 '영적 복음서'라고 부르기도 하였는데, 알렉산드리아의 클레멘스의 경우가 그렇습니다.

대부분의 학자들은 요한복음을 다음과 같이 네 부분으로 분류합니다.

- 머리글(1,1-18)
- 표징의 책(1,19-12,50)[3]
- 영광의 책(13,1-20,31)[4]
- 부록(21,1-25)

이 복음에서 복음사가가 증언하며 다루는 주제는 예수님 안에 생명이 있고, 그 생명은 사람들의 빛이며, 우리는 그분의 영광(곧 예수님의 십자가상 죽음과 부활)을 보았다는 내용으로 축약할 수 있습니다.

앞에서 언급한 대로, 요한복음서에는 공관복음서 전승의 많은 요소가 나오지 않는 대신 새로운 자료들이 적잖이 들어 있습니다. 이에 착안하여, 예수님의 표징과 행적 중에서 공관복음에서는 전하지 않는 내

---

3. '표징의 책'(1,19-12,50)은 예수님께서 예루살렘에 입성하실 때까지의 표징에 관한 내용을 주로 담고 있다.
4 '영광의 책'(13,1-20,31)은 예수님의 수난과 죽음과 부활에 초점이 맞추어져 있는데, 예수님의 수난사는 그분이 제자들과 마지막 만찬을 하시던 중에 제자들의 발을 씻기는 장면부터 시작된다.

용 가운데, 매번 12가지 정도의 주제를 선택하여 세 번에 걸쳐 살펴보고 있습니다.

앞서 펴낸 '요한복음 신학&영성 1' 『저의 주님, 저의 하느님!』에서는 예수님께서 일으키신 7개의 표징을 포함하여, 머리글과 부록에서 각각 2개 주제를 선정한 다음, 부활하신 예수님께서 '사도들의 사도(Apostolorum Apostola)'라고 불리는 마리아 막달레나에게 나타나신 장면을 전하는 부분을 살펴보았습니다. 이번 소책자에서는 예수님의 행적과 말씀(담화)과 가르침 가운데서, 아래와 같이 요한복음 사가가 독특한 관점에서 전해주는 12가지 주제를 다루려고 합니다.

① 세례자 요한과 예수님과 첫 제자들(1,19-51)

   ⅰ) 세례자 요한의 증언(1,19-28)

   ⅱ) 하느님의 어린양(1,29-34)

   ⅲ) 첫 제자들(1,35-42)

   ⅳ) 필립보와 나타나엘을 부르시다(1,43-51)

② 성전 정화(2,13-23)

③ 니코데모와의 대담(3,1-21)

④ 사마리아의 어떤 부인과의 대화(4,1-42)

⑤ 생명의 빵과 영원한 생명의 말씀(6,22-71)

   ⅰ) 생명의 빵(6,22-59)

   ⅱ) 영원한 생명의 말씀(6,60-71)

⑥ 간음하다 잡힌 여자(7,53-8,11)

⑦ 베타니아에서 한 여자가 예수님께 향유를 발라 드린 일화(12,1-10)

⑧ 스승님과 제자들 사이의 긴 대화 첫째 부분(13,1-14,31)

ⅰ) 예수님께서 제자들과 최후만찬을 하시고 제자들의 발을 씻어 주심
(13,1-20)

ⅱ) 새 계명을 주시다(13,31-35)

ⅲ) 예수님께서 성령(보호자)을 약속하시다(14,15-31)

⑨ 스승님과 제자들 사이의 긴 대화 둘째 부분(15,1-16,33)

ⅰ) 세상이 너희를 미워할 것이다(15,18-16,4)

ⅱ) 보호자 성령께서 하시는 일(16,5-15)

⑩ 고별담화 끝맺음 부분: 대사제 예수님의 기도(17,1-26)

ⅰ) 예수님께서 당신 자신을 위하여 기도하시다(17,1-5)

ⅱ) 예수님께서 제자들을 위하여 기도하시다(17,6-19)

ⅲ) 예수님께서 믿는 이들을 위하여 기도하시다(17,20-26)

⑪ 예수님의 수난사: 예수님께서 어머니를 사랑하는 제자에게 맡기시고 숨을 거두시다(19,25-30)

⑫ 예수님의 수난사: 군사들이 예수님의 옆구리를 창으로 찌르다(19,31-37)

세례자 요한과 예수님과 첫 제자들 | 01

"나는 이사야 예언자가 말한 대로 '너희는 주님의 길을 곧게 내어라.' 하고 광야에서 외치는 이의 소리다."(1,23)

요한복음은 하느님에게서 파견되어 육화하신 예수님의 신원과 정체가 무엇인지 밝히고, 독자들이 그 내용을 깨달아 믿고 증언하도록 이끄는 역할을 하는데, 특히 머리글 로고스 찬가(1,1-18)는 요한복음 전체에 대한 요약인 동시에 예수 그리스도가 누구신지 그 신원을 밝히는 '그리스도론'의 축약이기도 하다. 그러므로 머리글은 요한복음 전체를 읽고 묵상하도록 이끌어주는 안내서 역할을 한다.

　매우 장엄한 어조로 펼쳐지는 신학적 머리글인 로고스 찬가 전반부(1,1-14)에서는, 창조 이전부터 계셨던 말씀께서 사람이 되신다는 '선재-강생(先在-降生)'의 도식이 뚜렷하게 나온다. 후반부(1,15-18)에서는, 선재하시다가 강생하여 사람이 되시고 하느님의 '아드님'이 되신 '말씀'께서, 수난과 영광을 통하여 우리의 '메시아(그리스도)'와 '주님과 하느님'(1,1.18; 20,28 참조)이 되셨음을 장엄하게 선포하며 칭송한다.

"나는 이사야 예언자가 말한 대로 '너희는 주님의 길을 곧게 내어라.' 하고
광야에서 외치는 이의 소리다."(1,23)

이 머리글은 "아무도 하느님을 본 적이 없다. 아버지와 가장 가까우신 외아드님, 하느님이신 그분께서 알려 주셨다."(1,18)라는 증언으로 마무리된다. 곧 하느님의 로고스, 하느님의 영원하신 외아드님, 사람들의 빛과 생명, 은총과 진리, 하느님이신 그분(예수 그리스도)께서 우리에게 직접 하느님을 알려주셨다는 이 머리글 바로 다음에, 지금 다루고자 하는 세례자 요한의 증언(요한 1,19)이 곧바로 이어진다. 그런데 사실 세례자 요한의 증언을 시작으로 소개되는 요한복음의 전체 내용은, 예수님께서 하느님의 '말씀'이시며 '외아드님'이시고, 우리의 '메시아(그리스도)'이자 '주님'이시며 '하느님'이라는 머리글의 찬가 고백을 구체적으로 증언하고 입증하는 것이다.

학자들에 따라 이론의 여지가 있지만, 요한복음에서는 예수님의 생애와 공생활이 어떤 시간적 구도에 따라 전개된다. 일부에서는 예수님의 세례부터 카나의 혼인 잔치(1,29-2,12)까지를 첫 주간으로, 예수님의 수난(12,1-19,14)을 둘째 주간으로, 그리고 예수님의 부활(20,1-26)을 마지막 주간으로 보기도 한다.

앞서 펴낸 『저의 주님, 저의 하느님!』에서는 예수님 활동의 첫 주간을 하느님의 창조의 첫 주간과 대비하여 새로운 창조의 첫 주간으로 소개한 바 있다. 즉 '표징의 책'(1,19-12,50)을 시작하는 세례자 요한의 증언을 출발점으로 하여, 카나의 혼인 잔치까지 담긴 내용을 모두 한 주간에 일어난 사건으로 소개하면서, 예수 그리스도의 메시아 시대, 곧 천지창조에 버금가는 '새 창조의 첫 주간'이 시작되었음을 알린다고 설명하였다.

요한복음은 예수님의 공생활 첫 주간 첫날, 요르단 강 건너편 베타니아에서 세례자 요한이 자기와 예수님의 관계에 대하여 고백하고 (1,19-28), 그 이튿날에는 예수님을 하느님의 어린양(1,29-34)으로 증언한 내용을 전한다. 그리고 그 이튿날에는 예수님께서 당신을 찾아온 요한의 제자들을 당신의 첫 제자들로 삼으시는 장면을 전한다(1,35-42). 또다시 그 이튿날에는 예수님께서 필립보와 나타나엘을 부르시는 단락이 이어진다(1,43-51). 이와 같이 예수님의 공생활 첫 주간은, 요르단 강 건너편 베타니아의 세례 장소에서 시작하여, 첫 제자들을 부르시고 갈릴래아에서 활동하신 다음, 예루살렘 입성까지 유다와 예루살렘으로 건너가 활동하시다가 둘째 주간인 수난 주간으로 이어진다.

머리글에서 세례자 요한은 예수 그리스도에 관한 신비를 '증언(그리스말 μαρτουρία, 마르튀리아)'하는 인물로 소개되는데, 신약성경에서 이 '증언'은 다른 이들 앞에서 공개적으로 선언하는 신앙 고백적 뜻으로 널리 사용된다. 요한복음은 이런 의미에서의 '증언'을 촉구하면서 독자인 우리에게도 결단을 내릴 것을 자주 강조한다.

세례자 요한의 증언(1,19–28)

요한복음의 둘째 부분에 해당하는 '표징의 책'(1,19-12,50)에서 요한은, 서로 연관된 여러 사건과 가르침을 전하려고 노력하는데, 그 방법은 먼저 예수님께서 일으키신 표징이나 사건을 전한 다음, 이와 관련된 그분의 가르침을 담화(계시담화) 형식으로 전한다.

'표징의 책'은 "요한의 증언은 이러하다."(1,19)라는 말로 시작되지만, 보다시피 '요한'이라는 이름 앞에 '세례자'라는 수식어가 나타나지 않는다. 이처럼 요한은 자기 복음에서 이 칭호를 사용하지 않는다. 또한 요한복음에서는 세례자 요한이 회개하기 위하여 찾아오는 많은 군중에게 세례를 베풀었다는 언급은 하지만(1,28.33 참조) 그가 예수님께 세례를 베풀었다는 말씀도 찾아볼 수 없다. 이 사실을 참조할 때, 요한복음은 세례자 요한의 역할이 빛이신 예수님을 증언하는 데에 있음을 천명하는 것으로 볼 수 있다.

유다인들이 세례자 요한의 신원과 관련해 "당신은 누구요?" 하고 묻자 그는 "나는 그리스도가 아니다."라고 대답한다. 그런데 여기서 세례자 요한의 신원에 대한 유다인들의 이 질문은, 요한복음 전체를 통해 던지는 질문과 맥을 같이한다. 이것은 세례자 요한을 향한 질문일 뿐 아니라, 앞으로 요한이 증언하게 될 예수님의 신원과 관련된 질문이다. 또한 사도들을 포함하여 요한복음의 여러 증인이 복음서 전체를 통하여 증언하면서 드러나게 될 예수님의 신원과 그 기원이 어디서부터 비롯되었는가와 관련된 질문이기도 하다. 예수님에 관한 여러 증인의 증언은 우리에게 믿음의 결단을 요구할 뿐 아니라, 우리도 그 믿음의 내용을 증언하도록 촉구한다.

공관복음을 비롯한 성경 전체의 분위기는 구약의 엘리야 예언자와 세례자 요한을 연결시킨다. 구약시대 유다교의 한 전통에서는 "보라, 주님의 크고 두려운 날이 오기 전에 내가 너희에게 엘리야 예언자를 보내리라. 그가 부모의 마음을 자녀에게 돌리고 자녀의 마음을 부모에게 돌리리라. 그래야 내가 와서 이 땅을 파멸로 내리치지 않으리라."(말라 3,23-24)라는 말씀을 바탕으로 엘리야를 메시아의 선구자로 보고, 그가 백성을 일치와 충성으로 한데 모아 메시아가 오는 것을 준비해야 한다고 이해한다. 한편 집회서는 조상들에 대한 칭송을 전하는 부분에서 (44,1-50,21) 엘리야 예언자에 대하여 "당신은 정해진 때를 대비하여 주님의 분노가 터지기 전에 그것을 진정시키고 아버지의 마음을 자식에게 되돌리며 야곱의 지파들을 재건하리라고 기록되어 있습니다."(집회 48,10)[1] 하고 전한다. 이것은 결국 하느님께 들어 높여진 엘리야(2열왕 2,1-12 참조)가 메시아 시대에 되돌아오리라는 유다교 전승을 노래하면서 증언하는 것이다.

그런데 이스라엘이 역사적으로 모든 것을 잃은 시기인 기원후 1세기, 그리스도교 시대가 시작될 무렵에 특정 유다인들은, 역사적인 인간 메시아가 선택된 민족 이스라엘을 언젠가 복구시킬 수 있으리라는 희망을 포기하고, 오직 하느님만이 현재의 상황을 바꿀 수 있는 분이라고 믿게 되었다. 따라서 인간보다는 점점 하느님과 더 결부된 초자연적 존재로서의 메시아를 기다리게 되었는데, 앞에서 살펴보았듯이 집회 48,10-11; 말라 3,23 등에 따르면, 최후의 심판이 벌어지기 전에 마지막으로 회개를 촉구하기 위하여 엘리야 예언자가 다시 와야 한다고 믿고 있었다(마태 11,14; 17,10 참조). 종말에 엘리야나 또 다른 어떤 예언자가 오리라는 이러한 갈망과 고대는 아마도 모세가 백성들에게 참 예언자의 모습에 대하여 선포한 "주 너희 하느님께서 너희 동족 가운데에서 나와 같은 예언자를 일으켜 주실 것이니, 너희는 그의 말을

---

1. 집회서의 이 구절(48,10)은 저자(벤 시라)가 이사야 예언서 '주님의 종' 둘째 노래의 다음 말씀에서 인용한 것이다. "그분께서 말씀하신다. '네가 나의 종이 되어 야곱의 지파들을 다시 일으키고 이스라엘의 생존자들을 돌아오게 하는 것만으로는 충분하지 않다. 나의 구원이 땅 끝까지 다다르도록 나는 너를 민족들의 빛으로 세운다.'"(이사 49,6)

들어야 한다."(신명 18,15)라는 말씀에 근거를 두었을 것이다(요한 6,14; 사도 3,22 참조).

메시아의 선구자 역할을 하는 이 예언자에 대한 갈망은 예수님의 탄생이 임박하면서 절정에 달하게 되는데, 특히 예수님 당시에 유다교 일부 여러 집단에서는 '주님의 날'을[2] 위하여 선구자 역할을 하게 될 예언자를 기다리고 있었다(요한 1,21; 6,14; 7,40 참조). 무엇보다도 세례자 요한의 등장과 함께 "백성은 기대에 차 있었으므로, 모두 마음속으로 요한이 메시아가 아닐까"(루카 3,15) 하고 생각하였다. 그래서 유다인들은[3] 예루살렘에서 사제들과 레위인들을 보냈는데, 요한이 오시기로 된 바로 그 메시아인지, 아니면 종말에 나타날 엘리야(말라 3,13)나 그 예언자인지 묻기 위해서였다(요한 1,19).

유다 백성의 종교 지도자들이 보낸 사람들이 "당신은 누구요?"라고 묻자 요한은 서슴지 않고 "나는 그리스도가 아니다." 하고 대답하였다. "그러면 누구란 말이오? 엘리야요? 그 예언자요?"라는 이어지는 질문에도 요한은 "아니다."라는 대답으로 일관하였다. 유다인들이 "당신은 누구요? 우리를 보낸 이들에게 우리가 대답을 해야 하오. 당신은 자

---

2. 구약성경에서는 심판의 날 또는 메시아 나라가 시작하는 날인 '주님의 날'을 자주 이야기한다(이사 13,6; 에제 30,3; 아모 5,18; 요엘 1,15 등). 요한복음은 예수님께서 아브라함 전부터 계신 분임을 전하는 "너희 조상 아브라함은 나의 날을 보리라고 즐거워하였다. 그리고 그것을 보고 기뻐하였다."(요한 8,56)라는 말씀을 통하여 메시아이신 예수님께서 이 세상에 오심으로써, 주님의 날이 시작되었음을 강조한다(루카 17,24; 1코린 1,8; 5,5; 2코린 1,14 참조).

3. 참고로 요한복음에서 '유다인들'은 가끔 말 그대로 이스라엘 민족의 구성원들을 뜻하지만(3,25; 4,9.22 등) 대부분의 경우, 하느님께서 보내신 분을 알아보지 못하다가 마침내 적대적으로 대하는 세상의 대표자들이라는 의미로 사용된다. 이러한 의미로 '유다인들'은 유다 당국, 곧 합법적 지도자, 지배자들을 특징짓는 표현이다.

신을 무엇이라고 말하는 것이오?"라고 다시 묻자 요한은 "나는 이사야 예언자가 말한 대로 '너희는 주님의 길을 곧게 내어라.' 하고 광야에서 외치는 이의 소리다."라고 말하며 자신이 메시아가 아님을 분명히 밝힌다. 바리사이들이 보낸 사람들이 "당신이 그리스도도 아니고 엘리야도 아니고 그 예언자도 아니라면, 세례는 왜 주는 것이오?" 하고 또 다시 다그치듯이 묻자, 요한은 마지막으로 "나는 물로 세례를 준다. 그런데 너희 가운데에는 너희가 모르는 분이 서 계신다. 내 뒤에 오시는 분이신데, 나는 그분의 신발 끈을 풀어 드리기에도 합당하지 않다." 하고 대답한다. 사실 공관복음도 예언자보다 더 중요한 '사자(使者)' 또는 선구자로 세례자 요한을 소개한다.

마르코복음에 따르면 세례자 요한이 "광야에 나타나 죄의 용서를 위한 회개의 세례를 선포하였다."(1,4) 신약성경에서 '세례'라는 낱말은 요한과 그리스도교의 세례를 가리키지만, 본디는 유다교에서 제의적 더러움을 정화하기 위한 침수나 세정을 뜻하였다(유딧 12,7; 집회 34,25; 마르 7,4; 히브 6,2; 9,10). 기원후 1세기 말부터는, 유다교에서 개종자를 완전히 받아들인다는 표시로 행한 침수 예식을 볼 수 있게 된다. 세례자 요한 시대에는 이것이 여러 종교 운동 단체의 특징 가운데 하나가 되었는데, 예컨대 쿰란 공동체가 여기에 해당된다. 그곳에서는 장차 이루어질 근원적인 정화에 대한 기대 속에 서원한 회원들이 날마다 침수로 자기 몸을 정화하였다(규칙서 2,25-3,12).

그러나 요한은 심판의 때, 곧 시간이 찼을 때 행해질 세례에 대한 마지막 준비로서 모든 이에게 단 한 번만 세례를 주었기 때문에, 당시 유다교로 개종하는 이들이 유다인들과 접촉할 수 있도록 '정화해 주는'

의미에서 주던 세례와는 같지 않다. 또한 에세네파 사람들이 매일 거행하던 침수 의식, 곧 정결례와는 근본적으로 다르다. 요한의 세례를 받기 위한 전제 조건은 무엇보다도 '회개'이고(마태 3,2 참조), 그 목적은 세례가 행해지는 그 순간에, 또는 하느님의 나라가 선포될 때에 선물로 베풀어지는 '죄의 용서'이다(이사 1,16; 4,4; 에제 36,25에 나오는 이스라엘 정화의 약속 참조). 결국 요한의 세례는 백성의 회개를 촉진시켜 예수님께서 주실 세례를 준비시키는 것이다.

아우구스티노 성인은 "당신은 누구요?" 하고 다그치듯이 묻는 질문에, "나는 이사야 예언자가 말한 대로 '너희는 주님의 길을 곧게 내어라.' 하고 광야에서 외치는 이의 소리다."라고 답변한 세례자 요한에 대하여 "요한은 하나의 '소리'이고 주님은 천지가 창조되기 전부터 계신 '말씀'이십니다. 요한은 잠시 동안 외치는 소리이고, 그리스도는 태초부터 계시는 영원한 말씀이십니다." 하고 매우 인상적인 가르침을 주었다.[4]

마태오복음에서는 예수님께서 세례자 요한을 지칭하시면서 "내가 너희에게 말한다. 엘리야는 이미 왔지만, 사람들은 그를 알아보지 못하고 제멋대로 다루었다."(마태 17,12) 하고 단정적으로 말씀하셨다. 이와 같이 예수님께서는 세례자 요한을 이미 자기 백성에게 왔지만 그들에게 배척을 받은 엘리야로 소개하시면서, 당신에게도 당신의 선구자와 같은 운명이 기다리고 있음을 암시하셨다.

---

4. 성 아우구스티노 주교의 강론에서(*Sermo 293,1-3*: PL 38,1327-1328).

"나는 물로 세례를 준다.
그런데 너희 가운데에는 너희가 모르는 분이 서 계신다.
내 뒤에 오시는 분이신데,
나는 그분의 신발 끈을 풀어 드리기에도 합당하지 않다."(1,27)

하느님의 어린양(1,29-34)

앞에서 살펴보았듯이 요한복음은 예수님의 생애와 공생활 첫 주간의
첫째 날 요르단 강 건너편 베타니아에서 세례자 요한이 자기와 예수님
의 관계에 대하여 고백한 내용(1,19-28)을 다룬다. 둘째 날에는 예수님
에 대한 요한의 증언을 소개하는데, 세례자 요한은 예수님께서 자기

쪽으로 오시는 것을 보고 주변에 있는 사람들에게 "보라, 세상의 죄를 없애시는 하느님의 어린양이시다."(1,29) 하고 말한다. 그리고 이어지는 단락(1,35-42)에서도 자기 제자 두 사람 앞에서 예수님이 '하느님의 어린양'이라는 똑같은 증언을 반복한 다음, 이 단락 마지막 절에서는 "저분이 하느님의 아드님"(1,34)이라고 천명한다.

이와 같이 요한복음 사가는, 예수님의 신원과 밀접하게 관련된 머리글에 바로 이어 자기 복음을 시작하는 앞부분에, 예수님께서 '하느님의 어린양'이요 '하느님의 아드님'이라는 세례자 요한의 증언을 배치함으로써 예수 그리스도가 누구신지, 또한 이 증언에 담긴 내용을 통하여 예수님의 구원업적이 어떠한 의미를 담고 있는지 그 특성을 요약하여 보여주려고 한다.

'하느님의 어린양'이라는 말은, 두 가지 전통적 표상을 혼합하여 예수님의 대속적(代贖的)인 죽음을 상기시킨다. 첫째는, 죄가 없으면서도 많은 사람의 죄를 대신 짊어지고 자신을 어린양처럼 희생하는 '주님의 고통 받는 종'의 표상이다(이사 52,13-53,12). 둘째는, 이스라엘의 구원을 상징하는 파스카 때에 잡는 어린양의 표상이다(탈출 12,1-28; 요한 19,14.36; 1코린 5,7; 묵시 5,6.12 참조). 요한복음은 예수님의 십자가 죽음을 두 가지 표상에 담긴 어린양의 희생과 죽음으로 이해하여, 예수님을 '하느님의 어린양'이라고 표현한다. 그런데 예수님께서 파스카 당일에 십자가에서 돌아가셨다고 전하는 공관복음과 달리 요한복음은 예수님께서 '파스카 준비일'(요한 19,14), 곧 축제에 사용할 양을 잡는 파스카 축제 하루 전날 십자가에서 돌아가셨다고 전하면서 예수님의 죽음을 파스카 어린양의 죽음과 연결시킨다. 그리고 신약의 파스카 어린양

"보라, 세상의 죄를 없애시는 하느님의 어린양이시다."(1,29)

이신 예수님의 죽음과 부활로 구원업적이 성취되었음을 강조한다.

이어서 두 번째로 요한은 "나는 성령께서 비둘기처럼 하늘에서 내려오시어 저분 위에 머무르시는 것을 보았다. 나도 저분을 알지 못하였다. 그러나 물로 세례를 주라고 나를 보내신 그분께서 나에게 일러주셨다. '성령이 내려와 어떤 분 위에 머무르는 것을 네가 볼 터인데, 바로 그분이 성령으로 세례를 주시는 분이다.' 과연 나는 보았다. 그래서 저분이 하느님의 아드님이시라고 내가 증언하였다."(1,32-34)라고 천명한다. 여기서 예수님을 '하느님의 아드님'이라고 하는 그의 증언은 공관복음이 전하는 예수님의 세례 장면을 연상시킨다. 곧 요한은, 예수님께서는 성령께서 그 위에 머무르시는 예언자(루카 4,18), 하느님의 '아드님', 그리고 구약성경에 예고된 메시아이시기에, 자기처럼 물로 세례를 주는 것이 아니라 '성령으로 세례를 주시는 분'이며, 그래서 자신은 저분이 '하느님의 아드님'이라고 증언한다고 밝힌다.

첫 제자들(1,35-42)

예수님의 생애와 공생활의 시간적 구도에 따른 첫 주간 셋째 날에도 둘째 날과 마찬가지로 "보라, 하느님의 어린양이시다."라는 세례자 요한의 증언이 이어진다. 이 증언이 계기가 되어 요한의 제자 가운데 둘이 예수님을 따라가서 그분의 첫 제자들이 된다. 요한복음은 예수님에 대한 앎을 통해 그분을 믿게 되었다면, 이제 그것을 다른 이들에게 증언해야 한다고 강조하는데, 그 첫 번째 사례가 여기에 해당한다.

이 단락은 예수님의 제자가 되는 과정을 아주 단순하고 간략하게 전한다. 예수님께서 당신을 따라오는 두 제자에게 "무엇을 찾느냐?" 하고 물으시자, 그들이 "라삐, 어디에 묵고 계십니까?" 하고 되물었다. 예수님께서는 그들에게 "와서 보아라." 하셨다. 그러자 그들이 예수님의 말씀대로 함께 가서 예수님께서 묵으시는 곳을 보고 그날 그분과 함께 머물렀다고 전한다. 여기서 '묵었다'로 옮긴 동사의 본뜻은 '머물다'인데, 요한복음에서 이 '머문다'는 표현은 믿는다는 의미로도 사용된다. 예수님과 함께 머무는 것은 믿음에 대한 표현이고, 이것으로 두 제자가 처음으로 예수님을 믿고 따르게 되었음을 알게 된다. 이와 같이 그분을 믿기 위해서는 그들처럼, "와서 보아라."는 그분의 초대에 기꺼이 응답하여 그분과 함께 머무르면서 그분을 직접 만나고 그분의 말씀을 들을 때에 비로소 가능한 것이다. 그 만남의 순간이 얼마나 감동적이었는지, 요한은 그 때가 오후 네 시쯤이었다고 시각까지 구체적으로 알려준다.

요한복음 사가는 일반적으로 그리스말을 하는 사람을 대상으로 이복음서를 저술하였다. 그는 히브리말이나 아람말을 모르는 독자들을 위해 "'라삐'는 번역하면 '스승님'이라는 말이다."(1,38), "'메시아'는 번역하면 '그리스도'이다."(1,41), "'케파'는 '베드로'라고 번역되는 말이다."(1,42), "예수님께서는 몸소 십자가를 지시고 '해골 터'라는 곳으로 나가셨다. 그곳은 히브리말로 골고타라고 한다."(19,17), "예수님께서 '마리아야!' 하고 부르셨다. 마리아는 돌아서서 히브리말로 '라뿌니!' 하고 불렀다. 이는 '스승님!'이라는 뜻이다."(20,16도 참조) 하고 아람어 어휘를 그리스말로 옮겨 알려준다. 이렇게 아람어를 그리스말로 자상하게 설명해주는 방식을 통하여 요한복음 사가는 하느님 '말씀'의 강생이(1,14) 인간의 현실 속에서, 팔레스티나라는 구체적인 땅에서, 역사의 특정한 때에 이루어진 일임을 강조하려는 것으로 보인다.

예수님을 따라간 두 사람 가운데 하나는 시몬 베드로의 동생 안드레아였다. 요한복음은 그가 먼저 자기 형 시몬을 만나, "우리는 메시아를 만났소." 하고 말한 사실을 전한다. 여기서 그리스도는 '기름부음받은 이'를 뜻하는 메시아를 그리스말로 번역한 것인데, 유다교 전통에서는 (4,25 참조) 이 칭호가 종말에 올 것으로 사람들이 고대하던 새로운 다

윗을 가리킨다.

아울러 요한복음은 예수님께서는 신비롭게도 당신께 오는 이들을 다 아신다고 소개한다(1,48; 2,25; 4,16-19). 안드레아가 형 시몬을 예수님께 데려가자, 자기에게 오는 시몬을 눈여겨보시던 예수님께서는 "너는 요한의 아들 시몬이구나. 앞으로 너는 케파라고 불릴 것이다." 하고 말씀하신다. 성경의 사고방식에 따르면, 어떤 사람에게 새 이름을 부여하는 이는 아버지가 자식들에 대하여 권리를 지니는 것과 마찬가지로, 그 사람에 대한 권한까지 지닌다(2열왕 23,34; 24,17). 그리하여 그 이름이 효력을 갖도록 그에게 새로운 운명을 지워 주기도 한다. 무엇보다 새 이름을 지어 주는 분이 하느님이실 경우에 그러하다(창세 17,5.15; 32,29). 예를 들면 아브라함의 경우도 그랬다. "너는 더 이상 아브람이라 불리지 않을 것이다. 이제 너의 이름은 아브라함이다. 내가 너를 많은 민족들의 아버지로 만들었기 때문이다."(창세 17,5) 예수님께서는 시몬에게 아람말로 '케파', 그리스말로는 '베드로'라는 새로운 이름을 주심으로써 새로운 소명을 부여하신다. 이와 같이 요한복음은 시몬에게 새 이름이 부여된 사실을 전하면서, 첫 주간 셋째 날 이루어진 예수님과 첫 제자들의 만남과 증언 이야기를 마무리한다.

그런데 이 단락에서 한 가지 흥미로운 점은 그분의 제자가 된 두 사람 가운데 한 사람은 안드레아이지만, 이야기가 끝나는 순간에도 또 다른 제자가 누구인지는 밝혀지지 않는다는 것이다. 일부에서는 이 제자가 '예수님께서 사랑하시는 제자'라고 주장하기도 하는데, 마르코복음에서 예수님께서 어부 네 사람을 제자로 부르시는 단락을 비교하면서 참조할 때(마르 1,16-20), 예수님의 첫 제자가 시몬과 안드레아, 야고

보와 요한이기 때문이다.

필립보와 나타나엘을 부르시다(1,43–51)

요한복음의 시간적인 구도 첫 주간 넷째 날에도 '하느님의 아드님'이신 예수님에 관한 제자들의 증언이 이어진다. 벳사이다 출신 필립보는 "나를 따라라."는 예수님의 부르심을 받고 그분의 제자가 되었다. 그가 나타나엘을 만나 "모세가 율법에 기록하고 예언자들도 기록한 분, 곧 메시아를 만났는데 나자렛 출신으로 요셉의 아들 예수라는 분"이라고 증언하자, 나타나엘은 "나자렛에서 무슨 좋은 것이 나올 수 있겠소?" 하고 말한다. 구약성경은 물론 초기 라삐 문헌에서도 전혀 언급되지 않는 보잘것없는 촌락 나자렛에서 과연 "무슨 좋은 것이 나올 수" 있겠느냐는 시큰둥한 반응이다. 더욱이 나타나엘은 나자렛과 가까운 이웃 고을 카나 출신(21,2)인지라, 나자렛에 대하여 잘 알고 있었기에 이러한 의구심이 더 컸을 것이다.

그러자 필립보는 예수님께서 첫 두 제자(안드레아와 다른 제자)를 부르실 때, "와서 보아라." 하고 말씀하신 것처럼 나타나엘에게 "와서 보시오." 하고 말하였다. 필립보가 예수님과 똑같은 방식으로 나타나엘을 초대한 이유는, 아마도 자신이 메시아이신 예수님, 곧 모세의 율법서와 예언서를 비롯하여 구약성경이 예고한 그분과 그분의 사명에 대하여 제대로 설명하는 것은 불가능하고, 오직 그분을 직접 만나 그분의 말씀을 들을 때에야 비로소 가능하기 때문이었을 것이다.

이어서 필립보의 권유로 예수님을 찾아간 나타나엘과 예수님의 대화가 소개된다. 당신 쪽으로 오는 나타나엘을 보시고 예수님께서 "보라, 저 사람이야말로 참으로 이스라엘 사람이다. 저 사람은 거짓이 없다." 하고 극찬하셨다. 나타나엘이 "저를 어떻게 아십니까?" 하고 물으니, 예수님께서 "필립보가 너를 부르기 전에, 네가 무화과나무 아래에 있는 것을 내가 보았다." 하고 대답하셨다. 당시 율법 학자들은 선악을 알려 준다는 나무, 곧 무화과나무 아래 앉아 성경 공부를 하였는데, 이러한 모습을 라삐들은 '무화과나무 아래에 앉다'라고 표현하였다. 나타나엘도 다른 이들의 눈을 피하게 해 주는 무화과나무 아래에서 성경, 특히 사람들이 갈망하는 메시아에 관한 부분들을 열심히 공부하고 있었던 것으로 보이는데, 초자연적인 능력으로 모든 것을 아시는 예수님께서 그의 이러한 모습을 보셨을 것이다. 그러자 나타나엘이 예수님께 "스승님, 스승님은 하느님의 아드님이십니다. 이스라엘의 임금님이십니다." 하고 믿음을 고백한다.

"와서 보아라."(1,39.46) 하고 제자들을 초대하신 예수님께서는, 나타나엘의 고백을 들으시고 다음과 같이 말씀하신다. "네가 무화과나무 아래에 있는 것을 보았다고 해서 나를 믿느냐? 앞으로 그보다 더 큰 일을 보게 될 것이다. 내가 진실로 진실로 너희에게 말한다. 너희는 하늘이 열리고 하느님의 천사들이 사람의 아들 위에서 오르내리는 것을 보게 될 것이다."(1,50-51)

> "너희는 하늘이 열리고 하느님의 천사들이 사람의 아들 위에서 오르내리는 것을 보게 될 것이다."(1,51)

여기서 예수님께서는 공관복음서에서처럼 당신 자신을 '사람의 아들'이라고 칭하시는데, 이 칭호는 다니 7,9-15을 상기시킨다. 다니엘서를 비롯한 유다교 묵시문학의 종말론적 예언에서 '사람의 아들'은, 마지막 날에 죄인들을 심판하고 의인들을 구원하러 오시는 존재, 곧 최고의 재판관 기능을 수행한다(다니 7,13). 공관복음에서도 예수님께서는 여러 번에 걸쳐 임금처럼 구름을 타고 '영광에 싸여' 천사들과 함께 내려오시어 모든 민족을 심판하시는 분, 즉 '사람의 아들'(마태 16,27; 19,28; 25,31; 마르 13,26; 루카 17,22-30)로 소개된다.

예수님께서 나타나엘에게 "너희는 하늘이 열리고 하느님의 천사들이 사람의 아들 위에서 오르내리는 것을 보게 될 것이다."라고 하신 말씀은, 최고 의회(산헤드린)에서 벌어지는 재판 중에 예수님께서 약속하신 종말의 광경(마태 26,64; 마르 14,62)이 이미 지금부터 시작되었음을 암시한다. 강생을 통하여 예수님께서 이 세상에 현존하심에 따라 "하늘이 열리고"(이사 63,19; 마르 1,10; 루카 2,9-13), 야곱의 꿈이 예고(창세 28,17)한 하느님과의 통교가 믿는 이들에게 항구적인 현실이 되는 것이다. 그러므로 예수님께서 제자들에게 "앞으로 그보다 더 큰 일을 보게 될 것이다."라고 하신 말씀은, 당신이 앞으로 일으키실 표징과 십자가의 죽음과 거양을 통하여 절정에 이르겠지만, 사실 이미 성취되기 시작한 것이다.

이와 같이 머리글을 포함하여 요한복음 1장 전체에서는, "보라, 하느님의 어린양이시다."(1,29.36)라는 세례자 요한의 증언을 시작으로, 그 증언을 듣고 예수님의 제자가 된 안드레아가 "우리는 메시아를 만났소."(1,41) 하고 형 시몬 베드로에게 한 증언, 그리고 필립보가 나타

"너희는 하늘이 열리고 하느님의 천사들이
사람의 아들 위에서 오르내리는 것을 보게 될 것이다."(1,51)

나엘을 만나 "우리는 모세가 율법에 기록하고 예언자들도 기록한 분
을 만났소."(1,45)라고 한 증언 등 예수님을 만난 제자들의 증언이 릴레
이식으로 이어진다.

세례자 요한을 소개하는 머리글 부분(1,6-8)에서 "그는 증언하러 왔
다. 빛을 증언하여 자기를 통해 모든 사람이 믿게 하려는 것이었다."
하고 전한 것처럼, 요한의 역할은 예언자요 증인으로서 예수님의 가르
침을 전적으로 증언하는 증언자(1,15.19-34; 3,23-36; 5,33; 10,41)일 뿐이

다. 요한의 증언을 듣고 다른 이들이 예수님을 알고 믿게 되었듯이, 요한복음은 세례자 요한을 비롯하여 예수님의 제자들의 증언을 통하여 예수 그리스도에 대한 신앙을 갖게 된 우리도 다른 사람들에게 그분에 대하여 증언해야 한다는 점을 강조하고 있다.

이미 언급한 것처럼 요한복음은 시간적 구도에 따라 예수님 생애의 특정 활동을 세 주간으로 나누어 상징적으로 해석한다. 첫째 주간은 예수님의 세례부터 카나의 혼인 잔치(1,29-2,12)까지로 요르단 강 건너편 베타니아의 세례 장소에서 시작하여 첫 제자들을 부르시어 갈릴래아에서 활동하신 기간에 해당한다. 둘째 주간은 예루살렘 입성으로 시작하는 수난 주간(12,1-19,14), 그리고 마지막 주간은 예수님의 부활(20,1-26)이다.

  이러한 시간적 구도를 자세히 살펴보면, 첫 번째 파스카(2,13.23)와 갈릴래아에서 맞으신 두 번째 파스카(6,4), 초막절(7,2.14.37)과 성전 봉헌 축제(10,22-39), 죽음의 파스카(11,55; 12,1.12; 13,1; 19,14) 등 유다인들의 축제가 예수님의 공생활에 많은 영향을 주었음을 확인할 수 있다. 유다인들의 축제력에 따라 예수님께서는 여러 번 예루살렘에 올라가셨는데, 그때마다 불신하는 유다 지도자들과 충돌하시다 급기야 십자가 죽음까지 이르시게 된다. 요한은 신학적으로 예수님 공생활의 시간적 구도를 그분의 체포와 수난으로 매듭짓는다. 특히 모든 것을 점점 더 강

"이것들을 여기에서 치워라.
내 아버지의 집을 장사하는 집으로 만들지 마라."(2,16)

력하게 '예수님의 때'인 그분의 수난에 초점을 맞추고 결국 부활과 현양에 이르도록 배열하여 마지막 주간(요한 20,1-26)에 이르게 한다.

또한 공관복음과 달리 요한복음의 특징은, 서로 연관된 여러 사건과 가르침을 전하려고 애쓴다는 점이다. 요한은 먼저 예수님께서 일으키신 표징이나 사건을 전한 다음, 이와 관련된 그분의 가르침을 담화(계시담화) 형식으로 전하는데 지금 다루고자 하는 바로 이 단락에서 구체적인 사례가 발견된다.

이와 같이 요한복음은 예수님의 생애 전체, 곧 그분께서 일으키신 많은 표징과 그분의 많은 말씀을 고찰하면서, 그것이 시간 속에 펼쳐지는 사실에 큰 중요성을 부여한다. 따라서 요한복음에서는 '시간'이라는 주제가 중요성을 띠게 된다. 또한 요한복음은 수난과 부활로 정점에 이르는 예수님 생애의 제반 사건을 통해 하느님께서 당신 자신을 영광스럽게 이 세상에 드러내시는 일이 이루어진다고 믿었기 때문에, '영광'이라는 주제도 중요하게 다루어진다.

공관복음은 예수님께서 공생활 거의 끝부분에 예루살렘에 입성하여 성전을 정화하신 것으로 전한다(마태 21,12-13; 마르 11,15-17; 루카 19,45-48). 마태오복음과 루카복음에 따르면, 예수님은 마치 솔로몬의 왕위 등극 한 장면처럼 어린 나귀를 타시고 예루살렘에 입성하신 바로 그날에(마르코복음서에서는 그 이튿날에) '성전 정화'를 하셨다. 성전에 들어가시는 것으로 영광스러운 예루살렘 입성이 완료되면서 예수님께서 지니신 왕권의 의미가 드러나는데, 이 왕권은 오로지 하느님 아버지를 섬기기 위한 것이며 그분께 합당한 경신례(敬神禮)를 보장하는 것이다.

공관복음과 달리 요한복음은 그리스도론적인 관심에 따라 이 성전 정화를 예수님의 활동 초기인, 카나의 혼인 잔치에 바로 이어 배치한다. 아마도 요한은 자신의 신학적인 시간적 구도에 따라, 유다인들과의 충돌 계기가 된 성전 정화 사건을 복음을 시작하는 앞부분인 이 자리에 놓음으로써, 예수님께서 공생활 시작부터 수난을 통한 영광의 순간인 '당신의 때'에 맞추어 활동을 전개하신다는 점을 제시하려고 한 것으로 보인다.

파스카 축제가 임박한 시기에 예수님께서는, 아마도 축제를 지내러 예루살렘에 올라가셨을 것이다. 성전에 들어가신 예수님은 제물로 바치는 소와 양과 비둘기를 파는 자들과 환전꾼들이 앉아 있는 것을 보시고, 끈으로 채찍을 만드시어 성전에서 그들을 모두 쫓아내셨다. 예수님의 이러한 행위는 여러 가지로 이해할 수 있는데, 첫째는 구약의 성전 제사를 폐지하는 권한을 행사하시는 것이다. 둘째는 성전 정화, 곧 셀레우코스 왕조의 안티오코스 에피파네스가 기원전 167년에 성전을 더럽히고 또 로마의 폼페이우스가 기원전 63년에 성전을 더럽힌 이후에 유다인들이 고대해 오던 정화를 드러내시는 상징적 행위로 볼 수 있다. 셋째는 환전상들과 상인들의 그릇된 상거래를 질타하시는 것이다. 외국에서 온 유다인들은 (예컨대 비둘기 같은) 제물을 사거나 성전세 (마태 17,24)를 내려고 환전상들에게 돈을 바꾸었는데, 환전상들과 상인들은 이교인들의 뜰 회랑에만 있어야 했다.

예수님께서 비둘기를 파는 자들에게 "이것들을 여기에서 치워라. 내 아버지의 집을 장사하는 집으로 만들지 마라." 하시자, 제자들은 "당신 집에 대한 열정이 저를 집어삼킬 것입니다."(시편 69,10)[1]라는 말씀을 떠올리며 예수님의 행동에 담긴 의미를 밝히려고 하였다. 여기서 예수님께서는 성전을 '내 아버지의 집'이라고 부르시며 당신 친히 '하느님의 아드님'이심을 밝히셨고, 제자들은 '하느님의 집에 대한 열정'으로 불타올라 성전을 정화하시는 예수님의 이 행동을 메시아적인 성격을 지닌 것으로 이해하였다. 이처럼 제자들은 예수님의 성전 정화 행위를, 하느님의 아드님이시며 메시아이신 예수님의 '때'인 수난을 예고하는 것으로 보았기 때문에, 앞서 소개한 시편 69,10 본문에서는 과거로 되어 있는 동사를 요한복음은 '미래형'으로 바꾸어 옮겼다. 요한복음 전체의 맥락을 살펴보더라도 이러한 사실이 명백하게 뒷받침된다.

예수님의 이러한 행동에 유다인들은 "당신이 이런 일을 해도 된다는 무슨 표징을 보여 줄 수 있소?" 하고 요구하였는데, 이것은 예수님께서 성전 일에 간섭하려면 어떤 기적적인 행동으로 당신의 권한을 확증해 보여야 한다는 의미였다(마태 12,38; 16,1; 마르 8,11; 루카 11,16.29-30; 1코린 1,22 참조). 예수님께서 "이 성전을 허물어라. 그러면 내가 사흘 안에 다시 세우겠다." 하고 대답하시자, 유다인들은 "이 성전을 마흔여섯 해나 걸려 지었는데,[2] 당신이 사흘 안에 다시 세우겠다는 말이오?" 하고 되물었다. 요한복음은 "그러나 그분께서 성전이라고 하신

---

1. 이것은 그리스말 성경 시편 69,10의 번역이고, 히브리말 성경의 번역은 "당신 집에 대한 열정이 저를 불태우고 당신을 모욕하는 자들의 모욕이 제 위로 떨어졌기 때문입니다."(시편 69,10)이다.
2. 당시의 예루살렘 성전은 그것을 크게 증축하고 개축한 임금의 이름을 따서 '헤로데 성전'이라고도 불린다. 이 공사는 기원전 20-19년에 시작되었는데, 요한복음은 예수님의 활동을 27-28년으로 잡는다. 이때에 성전 건축 공사가 끝나지는 않았지만 주요 부분들은 이미 지어져 있었다.

것은 당신 몸을 두고 하신 말씀이었다. 예수님께서 죽은 이들 가운데에서 되살아나신 뒤에야, 제자들은 예수님께서 이 말씀을 하신 것을 기억하고, 성경과 그분께서 이르신 말씀을 믿게 되었다."(2,21-22) 하고 성전 정화 일화를 마무리한다.

여기서 예수님의 죽음과 부활로 이어지는 '예수님의 때'와 관련된 요한복음의 그리스도론적인 해석이 돋보인다. 우선 "이 성전을 허물어라. 그러면 내가 사흘 안에 다시 세우겠다."라고 하신 예수님의 말씀과 "이 성전을 마흔여섯 해나 걸려 지었는데, 당신이 사흘 안에 다시 세우겠다는 말이오?"라는 유다인들의 반문에 사용된 '다시 세우다'의 그리스말 동사는 같은 것이다. 그리고 "예수님께서 죽은 이들 가운데에서 되살아나신 뒤에야, 제자들은 예수님께서 이 말씀을 하신 것을 기억하고, 성경과 그분께서 이르신 말씀을 믿게 되었다."에서 사용된 '되살아나다' 동사 역시 같다. 다만 앞의 두 동사(2,19.20)는 타동사의 의미를 지닌 능동태이고, 뒤의 '되살아나다'(2,22)의 경우는 자동사의 의미를 지닌 수동태라는 것이 다를 뿐이다.

또한 "그러나 그분께서 성전이라고 하신 것은 당신 몸을 두고 하신 말씀이었다."라는 그리스도론적인 해석에도 신학적인 내용이 포함되어 있다. '당신 몸', 곧 육화(肉化)를 통하여 인간의 살을 취하신 예수님의 인성은 하느님께서 사람들 사이에 현존하시고 또 당신의 모습을 드러내시는 것이다. 따라서 예수님이야말로 참 '성전'이시며 이제부터는 경신례도 예수님과 밀접하게 결부된다. 곧 하느님께 예배드리는 장소라는 의미로서의 성전이 참 '성전'이신 예수님으로 대체되어, 예수님과 함께 '영과 진리 안에서' 아버지께 예배를 드릴 때가 이미 시작된

것이다(4,23 참조).[3]

그러므로 이 두 가지를 종합하면, 유다인들이 '당신 몸'인 성전을 허물면(수난과 죽음), 예수님께서는 그 성전을 사흘 안에 다시 세우시겠다는(부활) 말씀이다. 그러나 요한은 제자들이 이 말씀을 제대로 이해하지 못하였고, 그분께서 부활하신 뒤에야 "예수님께서 이 말씀을 하신 것을 기억하고, 성경과 그분께서 이르신 말씀"을 믿게 되었다고 전한다. 이와 같이 제자들은 그분의 공생활 중에는 예수님께서 하신 일과 말씀을 완전히 이해하지 못했다. 그분의 부활과 성령의 은총을 받고나서야 비로소 예수님의 행동이나 말씀이 여러 차원의 의미를 지닐 뿐만 아니라, 늘 그 자체 너머의 다른 것을 가리킨다는 사실을 깨닫게 되었다(12,16; 14,26; 15,26).

여기서 놓치지 않아야 할 내용이 있다. 요한복음 사가는 전해 내려오는 성경의 큰 전승에 따라, 어떤 신학 체계가 아니라 구원을 가져다주는 사건들을 설명하고자 했기 때문에, 그의 모든 관심이 그리스도께만 집중되어 있다는 사실이다. 그는 그리스도를 알고 그분과 통교를 이루는 것이야말로 신자들이 하느님 아버지를 알아 모시며 영원한 생명에 이르는 조건임을 제시하려고 하였다.

---

3. "그러나 진실한 예배자들이 영과 진리 안에서 아버지께 예배를 드릴 때가 온다. 지금이 바로 그때다. 사실 아버지께서는 이렇게 예배를 드리는 이들을 찾으신다."(4,23)

니코데모와의 대담 | 03

20세기 중엽 사해 부근에서 발견된 쿰란 문헌들은, 요한복음서와의 유
사성을 드러내는 유다인들의 쿰란 공동체에 대해 새로운 사실을 알게
해 주었다. 이 문헌은 요한복음의 교회공동체와 이 공동체보다 조금
앞선 시기에 형성된 쿰란 공동체가 자기들의 공동체와 함께 마지막 시
대가 시작되었다고 생각하여 구약성경의 특정 구절에 담긴 의미를 밝
혀내려고 애를 썼지만, 두 공동체 모두에서 빛과 어둠, 진실과 거짓의
대립 등으로 표현되는 이원론적 요소가 자주 발견된다는 점을 지적받
기도 하였다.

두 공동체에서는 모두 '스승'에게 큰 중요성이 부여되고, '진리의
영' 또는 '보호자'의 역할이 강조되는 등 공통점이 발견된다. 하지만
공통점보다 더 많은 다른 점이 발견되는데, 우선 이것을 해석하고 수
용하는 분위기가 전혀 다르다는 사실이 지적된다. 요한복음은 쿰란의
일부 문헌들[1]에서 볼 수 있는 묵시문학적 사고방식이라든가, 쿰란 공

---

1. 유다교 쿰란 공동체의 문헌에서는 낮과 밤, 빛과 어둠 등과 같은 대립 명제를 자주 사용한

"하느님께서는 세상을 너무나 사랑하신 나머지 외아들을 내주시어,
그를 믿는 사람은 누구나 멸망하지 않고 영원한 생명을 얻게 하셨다."(3,16)

동체에서 보게 되는 병적인 율법 지상주의와는 거리가 멀다. 예수님의 역할도 이 분파의 '정의의 스승'이나 두 메시아와 상당히 다르다. 물론 표현 방식이라든가 관념의 공통점은 지적할 수 있지만, 전체적인 경향을 볼 때 서로 완전히 다르다는 점은 분명하다.

요한복음에서는 '예수님'과 '세상', '우리(예수님 또는 제자들 또는 예수님과 제자들)'와 '너희(세상 또는 예수님을 반대하는 유다인들)', '영'과 '육', '위로부터'와 '아래로부터', '생명'과 '죽음', '진실'과 '거짓', '하느님의 영광'과 '사람들에게서 받는 영광' 등과 같은 주제가 반복되면서, 일정 양상에 따라 전개되는 예수님과 '세상'의 대결 구도가 발견된다.

니코데모와 대화하는 이 단락에서도 예수님은 담화 형식으로 가르침을 주신다. 당신을 계시하시는 요한복음의 특징, 무엇보다도 대당(對當) 개념을 사용하면서 심오한 진리를 계시하시는 특징이 두드러지게 발견된다. 이 대화에서 가르침을 주시는 예수님과 가르침을 들으며 그분의 말씀에 묻기도 하고 대답하기도 하는 니코데모의 모습과 반응은 사뭇 다르게 나타난다. 사실 고정관념에 사로잡혀 경직된 자세로 예수님의 말씀과 가르침을 듣는 니코데모는 새로운 계시도 구태의연한 자기 방식으로 받아들이려고 한다. 그는 예수님의 말씀을 이해하기보다 오히려 오해하거나 몰이해(3,2.4.9) 한다. 당신의 말씀을 제대로 알아듣지 못하는 니코데모의 이해를 돕기 위하여 예수님께서는, 매번

다. 이 문헌에서는 구약성경에서 그다지 뚜렷하게 드러나지 않는 이원론을 보게 되는데, 그에 따르면 인간은 두 부류로 나뉜다. 곧 서로 반대되는 '영'에 따라 움직이는 선인과 악인이다. 악인들은 멸망으로 이끄는 악의 길, 선인들은 구원으로 이끄는 선의 길을 걸어간다 (마태 7,13-14 참조).

"내가 진실로 진실로 너에게 말한다."(3,3.5.11)라는 단언적인 표현을 사용하시며 가르침의 내용을 점점 넓게 드높이시고 영성적인 의미로 심화시키신다(3,3.5.9).

이 단락은 바리사이 가운데 한 사람이면서 유다인들의 최고 의회 의원인 니코데모가 밤에 예수님을 찾아왔다는 말로 시작한다. 예수님께서 '이스라엘의 스승'(3,10)이라고 부르시는 니코데모는 예수님을 믿지 않는 수석 사제들과 바리사이들이 예수님의 문제를 놓고 논쟁(7,48-52)할 때 은근하게 예수님 편에서 변호하였고[2], 예수님의 장례를 위하여 몰약과 침향을 섞은 향료를 가지고 와서 도움을 주기도 한 사람이다.[3]

이러한 점을 살펴볼 때, 분명 니코데모는 '진리'를 찾으려고 노력하며 진리에 따라 살아가려고 애쓴 사람이었다. 그럼에도 그가 예수님을 '밤'에 찾아왔다는 사실에는 요한의 숨은 의도가 있어 보인다. 그가 바리사이이자 최고 의회 의원이라는 신분 때문에, 다른 사람의 눈을 피하기 쉬운 밤을 선택하였을 수도 있다. 하지만 그보다는 참된 진리와 진실을 찾아 고뇌하고 방황하는 그의 영적인 내면 상태를 어둔 '밤'으로 묘사하였을 가능성이 더 커 보인다. 밤을 이용해 예수님을 찾아온 니코데모의 복잡한 상황은 "사실 지도자들 가운데에서도 많은 사람이 예수님을 믿었지만, 바리사이들 때문에 회당에서 내쫓길까 두려워 그것을 고백하지 못하였다."(요한 12,42)라는 내용과 연결시켜 생각할 때

---

2. "우리 율법에는 먼저 본인의 말을 들어 보고 또 그가 하는 일을 알아보고 난 뒤에야, 그 사람을 심판하게 되어 있지 않습니까?"(7,51)
3. "언젠가 밤에 예수님을 찾아왔던 니코데모도 몰약과 침향을 섞은 것을 백 리트라쯤 가지고 왔다."(19,39).

충분히 가능한 일이다.

예수님과 니코데모의 대화는 그리스말로 같은 단어(ἄνωθεν, 아노텐)인 '위로부터'와 '다시'를 중심으로 전개된다. 예수님께서 일으키신 표징을 하느님께서 그분의 가르침을 입증해주신 결과로 이해해서인지 니코데모는 "스승님, 저희는 스승님이 하느님에게서 오신 스승이심을 알고 있습니다." 하고 고백한다. 그러자 예수님께서 "내가 진실로 진실로 너에게 말한다. 누구든지 위로부터 태어나지 않으면 하느님의 나라를 볼 수 없다." 하고 이르셨다.

여기서 '위로부터' 태어나야 한다는 예수님의 말씀을 니코데모가 육적으로 '어머니 배 속에 다시 들어갔다가 태어나는 것'으로 곡해하자, 예수님께서는 "내가 진실로 진실로 너에게 말한다. 누구든지 물과 성령으로 태어나지 않으면, 하느님 나라에 들어갈 수 없다. 육에서 태어난 것은 육이고 영에서 태어난 것은 영이다."(3,5-6) 하고 가르치신다.

공관복음서가 자주 사용하는 '하느님의 나라'라는 표현이 요한복음에서는 단 두 번만 언급되는데(3,3.5), 요한복음은 '하느님의 나라' 대신에 '생명' 또는 '영원한 생명'이라는 표현을 즐겨 사용한다. 유다인들의 개념에 따르면 '하느님의 나라'는 높은 데에서, 곧 하느님에게서만 받을 수 있는 근본적으로 새로운 존재 양식을 내포하고 있는데, 요한복음은 이를 '영원한 생명', 또는 그냥 '생명'이라고 부른다. 하느님 나라(영원한 생명)에 들어가기 위해서는 '물과 성령'으로 다시 새롭게 태어나야 한다는[4] 예수님의 말씀은, 새로운 신자들이 제자들의 공동체

---

4. 두 번째로 태어나는 것에 대하여 티토 3,5; 1베드 1,23; 1요한 2,29; 3,9; 4,7; 5,1 참조.

안으로 들어간다는 것을 상기시키면서, 요한공동체에서 이미 거행하던 세례의식을 반영한 것으로 보인다. 요한복음에서 '영원한 생명'은 무엇보다도 하느님과 다시 화해하여 살아가는 것이며, 이러한 의미에서 '생명'과 '믿음'은 결국 하나이다.

"육에서 태어난 것은 육이고 영에서 태어난 것은 영이다."라는 예수님의 말씀에서 영과 육에 대한 의미를 찾을 수가 있다. 우선 '육(또는 살)'은 가능성과 한계까지 포함한 인간 본성, 더 폭넓게는 어떤 경멸의 뜻 없이 현세적 존재를 가리킨다. 그리고 '영'은 하느님 또는 예수님에게서 오는 '영'을 가리키는(7,39; 17,2 참조) 것으로 그리스도적 존재와 그 행동의 근원인 하느님의 힘을 뜻한다. 그런데 "바람은 불고 싶은 데로 분다. 너는 그 소리를 들어도 어디에서 와 어디로 가는지 모른다. 영에서 태어난 이도 다 이와 같다."(3,8)에서 사용된 그리스말 'πνεύμα, 프네우마'는 히브리말 '루아흐'와 함께 '바람'과 '영'을 동시에 뜻하는 것으로 예수님께서는 이 낱말을 이용해서 쉽게 '바람'과 '영'을 비교하신다. 자연 현상에 대한 과학적 지식이 없던 옛날 이스라엘 사람들은 '바람'을 오묘한 것으로 생각하여, 그 신비로운 성격과 하느님 행동의 심오한 성격을 비교하곤 하였다(잠언 30,4; 코헬 11,5; 집회 16,21). 그런데 바로 바람과 같은 이 성령에 의해서 '위로부터' 다시 태어날 수 있다는 말씀이다. 이스라엘이 하느님께 선택된 백성이기는 하지만 하느님에 대한 그들의 지식 역시 충만하지 못한 것처럼, 한계를 지닌 육의 인간도 자기 능력으로는 성령의 일을 아는 데까지 이르지 못한다. 그래서 인간은 하느님의 세계를 유일하게 체험하신(1,18; 6,63) 예수님의 말씀을 필요로 하며, 오로지 그분의 말씀을 믿음으로 받아들여야 한다.

    참고로 이 단락을 포함하여 요한복음 안에는 예수님의 말씀과 행적
뿐만 아니라, 공동체를 위한 신학적인 내용도 이미 포함되어 있음을
확인할 수 있다. 예를 들면 "니코데모가 예수님께 '그런 일이 어떻게
이루어질 수 있습니까?' 하자, 예수님께서 그에게 대답하셨다. '너는
이스라엘의 스승이면서 그런 것도 모르느냐? 내가 진실로 진실로 너
에게 말한다. 우리는 우리가 아는 것을 말하고 본 것을 증언한다. 그러
나 너희는 우리의 증언을 받아들이지 않는다. 내가 세상일을 말하여도
너희가 믿지 않는데, 하물며 하늘 일을 말하면 어찌 믿겠느냐?'"(3,9-
12)라고 하신 데에서 볼 수 있듯이, 대화의 상대가 '나와 너'에서 '우리
와 너희'로 바뀐다. 이러한 인칭 변화에 대해서는 여러 가지 설명이 제
시되고 있다. 그 가운데 가능성이 가장 큰 것은 복음서 저자가 예수님
의 시대에서 제자들의 시대로 시간을 바꾸어 이해하였다는 설명이다.
곧 제자들이 자기들 시대의 유다인들에게 신앙을 고백하고 증언한다
는 것이다.

    "내가 세상일을 말하여도 너희가 믿지 않는데, 하물며 하늘 일을 말
하면 어찌 믿겠느냐?"(3,12)라는 이 말씀도 여러 가지로 이해할 수 있
다. 첫째로는, 계시에 여러 단계가 있다는 사실을 지적하시는 것으로
보인다. 지금까지 예수님께서는 '세상일', 곧 사람들이 성령에 따라 생
명으로 다시 태어나는 것과 같은 땅 위에서 벌어지는 일들을 말씀하
셨다. 그러나 이제는 예수님의 말씀을 글자 그대로 이해하는 것에 머
물러서는 안 되고, 한걸음 더 나아가 예수님께서 하느님의 아드님이
시고(13절) 십자가 위에서 영광스럽게 되시리라는(14-15절) 신비로 나
아가야 한다는 의미이다. 둘째로는, '세상일'은 사람이 되신 예수님 또

는 제자들의 증언을 뜻하고, '하늘 일'은 영광 속에 들어 높여지신 예수님과 성령의 증언을 가리키는 것으로 이해하는 것이다. 하지만 분명한 것은 '하늘 일'에 관한 예수님의 이 증언 말씀을, 이 세상에 발을 딛고 진리를 추구하면서 열심히 살아가던 '이스라엘의 스승' 니코데모도 제대로 이해하지 못하였다면, '세상일'에만 매몰되어 오로지 현세적인 것에만 관심을 두고 살아가는 사람은 더욱 받아들이기가 쉽지 않다는 점이다. 그럼에도 성령의 도우심으로 '하늘 일'에 관한 복음의 증언 내용을 담아내려는 노력만큼은 필요할 것이다.

이어서 예수님께서는 민수기 21장을 배경으로 하여, "하늘에서 내려온 이, 곧 사람의 아들 말고는 하늘로 올라간 이가 없다. 모세가 광야에서 뱀을 들어 올린 것처럼, 사람의 아들도 들어 올려져야 한다. 믿는 사람은 누구나 사람의 아들 안에서 영원한 생명을 얻게 하려는 것이다."(3,13-15)라는 수수께끼 같은 말씀을 하신다. 고대 근동지방에서는 '뱀'이 치유와 지혜의 상징으로 여겨지기도 했지만 성경에서는 주로 '악함'의 상징으로 사용되었다(창세 3장 참조). 그러므로 '뱀처럼 사람의 아들도 들어 올려져야 한다'라는 말씀에서 '뱀'이라는 '악함'의 상징과 '십자가'라는 예수님 구원의 표상을 연결시켜 생각하기가 쉽지는 않다. 그런데 민수기 설화에서는 '구리 뱀'이 사실적 관계에서 '치유'의 의미를 갖고 있다(민수 21,4-9; 지혜 16,6-10 참조). 광야에서 하느님께 불순종하여 뱀에 물린 자들이 모세가 만들어 기둥 위에 달아 놓은 '구리 뱀'을 믿음으로 바라보면 병이 나았던 것이다. 이제 예수님께서는 뱀의 '치유'라는 상징적 의미를, 십자가의 '구원'이라는 신학적 의미로 전이(轉移)시키신다. 예수님께서는 십자가를 통하여 다만 죽은 육신을 치료하시는 것을 넘어 영혼, 곧 죽은 육신을 '구원'으로 이끄신다. '치유'는 메시아적 구원을 표현하는 개념 가운데 하나이기도 하다 (이사 57,18; 예레 33,6). 베드로의 첫째 서간은 그리스도인들이 구원을 받아 다시 태어나는 것은, 무엇보다도 새 세상의 기초이신 그리스도의 부활과 직결된다는 점을 강조한다. 그리하여 "하느님께서는 당신의 크신 자비로 우리를 새로 태어나게 하시어, 죽은 이들 가운데에서 다시 살아나신 예수 그리스도의 부활로 우리에게 생생한 희망을 주셨습니다."(1베드 1,3) 하고 희망에 대한 감사를 전한다.

이와 같이 예수님께서는 당신 자신을 스스로 '사람의 아들'로 지칭하시며 '사람의 아들'이 십자가에 '뱀'처럼 들어 올려져야 한다고 말씀하신다. 이는 '십자가의 죽음', 곧 당신에게 주어진 십자가의 희생 제사를 기꺼이 봉헌하시겠다는 의지도 표현하는 것이다. 또한 "너희는 사람의 아들을 들어 올린 뒤에야 내가 나임을 깨달을 뿐만 아니라, 내가 스스로는 아무것도 하지 않고 아버지께서 가르쳐 주신 대로만 말한다는 것을 깨달을 것이다."(8,28)라는 예수님의 말씀에서 십자가에 못 박혀 들어 올려지실 때, 예수님께서 아버지의 영광 속으로도 들어 올려진다는 사실이 드러난다(3,14-15; 12,32.34). 그분께서 신적인 존재라는 사실이, 그분께서 하신 말씀이 진실하시다는 점과 함께 모든 사람에게 명백해진다는 것이다. 아울러 당신이 십자가 위로 '들어 올려지실' 것이라는 말씀을 통하여 예수님께서는, 십자가가 영광 속으로 높이 들리시는 장소와 그 상징이 되고, 십자가에 달리신 그 순간이 바로 예수님의 영광이 결정적으로 드러나는 순간이며, 하늘에서 내려오신 분이 다시 하늘로 올라가시는 순간이 된다(8,28-30; 12,32-34; 18,32 참조)

는 점을 강조하신다. 요한은 이렇게 여러 가지 의미로 이해할 수 있는 표현들을 즐겨 사용한다.

이제 육화와 강생의 신비를 통하여 이루어지는 인간 구원에 관한 신비가 예수님의 다음 말씀으로 계시된다. "하느님께서는 세상을 너무나 사랑하신 나머지 외아들을 내주시어, 그를 믿는 사람은 누구나 멸망하지 않고 영원한 생명을 얻게 하셨다. 하느님께서 아들을 세상에 보내신 것은, 세상을 심판하시려는 것이 아니라 세상이 아들을 통하여 구원을 받게 하시려는 것이다."(3,16-17) 이 두 구절 안에서 '세상(κόσμος, 코스모스)'이란 단어가 무려 4번이나 사용되었는데, 여기서 말하는 세상은 하느님께서 사랑하시는 '인류'를 지칭한다.[5]

하지만 예수님께서는 "아들을 믿는 사람은 심판을 받지 않는다. 그러나 믿지 않는 자는 이미 심판을 받았다. 하느님의 외아들의 이름을 믿지 않았기 때문이다."(3,18)라는 말씀을 통하여 당신에 대한 믿음의 결단을 촉구하신다. 놀라운 강생의 신비와 계시에 대한 '세상'으로 대표되는 인간 측의 응답이 반드시 필요함을 깨닫게 되는 순간이다. 유다교와 신약성경의 여러 본문에 따르면, 최종 심판은 역사의 끝에 일어나는 것으로 되어 있다. 그러나 요한복음서에서는 사람이 예수님,

---

5. "저는 이들에게 아버지의 말씀을 주었는데, 세상은 이들을 미워하였습니다. 제가 세상에 속하지 않은 것처럼 이들도 세상에 속하지 않기 때문입니다. 이들을 세상에서 데려가시라고 비는 것이 아니라, 이들을 악에서 지켜 주십사고 빕니다."(17,14-15)를 비롯하여 요한 17장에서 '세상'이라는 어휘가 여러 차례 등장하는데, 여기서는 우리의 실존이 펼쳐지는 장소로서의 세상을 말한다. 반면 "여러분은 세상도 또 세상 안에 있는 것들도 사랑하지 마십시오. 누가 세상을 사랑하면, 그 사람 안에는 아버지 사랑이 없습니다."(1요한 2,15)에서 '세상'은 하느님과 그리스도를 받아들이기를 거부하고 우리가 '하느님의 뜻'을 실천하지 못하도록(1요한 2,17) 훼방을 놓는 악한 세력 전체를 가리킨다.

특히 그분의 십자가 앞에 설 때에, 그리고 이어지는 다음 말씀처럼 하느님의 계시를 거부할 때에 이미 심판과 단죄가 이루어진다. "그 심판은 이러하다. 빛이 이 세상에 왔지만, 사람들은 빛보다 어둠을 더 사랑하였다. 그들이 하는 일이 악하였기 때문이다. 악을 저지르는 자는 누구나 빛을 미워하고 빛으로 나아가지 않는다. 자기가 한 일이 드러나지 않게 하려는 것이다. 그러나 진리를 실천하는 이는 빛으로 나아간다. 자기가 한 일이 하느님 안에서 이루어졌음을 드러내려는 것이다."(3,19-21)

이처럼 하느님에게서 온 '빛'을 받아들이느냐 또는 거부하느냐에 따라 사람들의 운명이 갈라진다(9,39-41; 12,37-50 참조). 하느님의 계시는 빛보다 어둠을 더 사랑하여 악을 저지르는 자의 가면을 벗긴다. 이러한 사실 자체로써 하느님을 거부하는 사람에 대한 심판과 단죄가 이루어지기 때문에, 믿음을 받아들이지 않는 사람들에 대한 심판은 종말이 아니라 믿음을 거부하는 바로 그 순간에 이루어지는 것이다.

공관복음에 따르면, 예수님의 탄생과 죽음과 부활과 함께 하느님 나라가 '이미(already)' 시작되었으나 완성은 '아직 아니(not yet)'다. 그 나라는 종말에 가서야 비로소 완성될 것이다. '지금'의 이 시간은 '이미'와 '아직은 아니' 사이의 시간, 곧 하느님 나라 완성을 향해 달려가는 종말론적 시간이다. 하지만 "나는 부활이요 생명이다. 나를 믿는 사람은 죽더라도 살고, 또 살아서 나를 믿는 모든 사람은 영원히 죽지 않을 것이다."(12,25-26)라는 예수님의 말씀대로, '생명'이신 당신을 믿는 사람은, 반드시 죽었다가 다시 살아나야만 영원한 생명을 얻는 것이 아니라 예수 그리스도를 믿는 그 순간부터 이미 영원한 생명을 누리는 것이다. 그러므로 구원(생명)과 심판(죽음)은 종말에 가서야 판가름 나는 것이 아니다. 영원한 생명을 얻을 수 있는 유일한 조건은 분명 빛과 생명이요 하느님께서 보내신 외아드님인 예수님을 신뢰하며 추종하는 믿음이다. 믿음을 거부하면 아무런 보호 없이 곧바로 하느님의 진노를 받게 되는데, 이것이 바로 하느님의 심판인 것이다(3,31-36 참조).

예수님과 니코데모의 계시담화는 "진리를 실천하는 이는 빛으로 나아간다. 자기가 한 일이 하느님 안에서 이루어졌음을 드러내려는 것이다."(3,21)라는 예수님의 말씀으로 마무리된다. 여기서 '진리를 실천하다'라는 표현은 유다인들의 전형적인 표현 방식이기도 하다. 유다인들은 이 '진리'가 율법에 드러난다고 믿고 있기 때문에(7,17 참조), 진리를 실천한다는 것은 율법을 준수하여 실천하는 것을 의미하였다. 반면 요한복음에서는 '하느님의 뜻'을 실행함을 의미하는데 예수님 안에서 이루어지는 계시를 믿고 그 믿음을 실천에 옮길 준비가 되어 있는 사람은 누구나 이 하느님의 뜻을 깨달을 수 있다(18,37 참조). 그러므로 선을 행하는 이는 어떤 면에서 이미 하느님과 일치를 이루고 있으며, 또한 하느님의 성자 안에서 이루어지는 더욱 완전한 만남을 향해 나아가는 것이다(17,6-9).

예수님과 사마리아 부인의 대화를 전하는 이 계시담화에는 심오한 뜻이 담겨있다. 이것을 제대로 이해하기 위해서는 사마리아에 대한 역사적 · 지리적 · 신학적 · 선교적인 배경 등을 살펴보는 것이 바람직하다. 요한복음은 이 계시담화에서 사마리아 여인이 예수님에 대한 믿음에 이르는 변화 과정을 구체적으로 소개하면서, 변화되는 이 여인의 모습이 전형적인 신앙인의 모습이어야 한다는 점을 제시하려고 한다.

   북이스라엘 왕국의 마지막 임금 호세아(기원전 732년-724년경)는, 처음에는 아시리아의 충실한 봉신(封臣)으로 정확하게 조공을 바쳤다. 하지만 아시리아 왕위가 공석이 된 틈에 반란을 일으켜 조공을 거부하고 이집트와 손을 잡았는데, 그 사이에 살만에세르 5세가 즉위한다. 아시리아는 이내 이스라엘을 침공하여 수도 사마리아를 제외한 나머지 부분을 모두 점령하였다. 사마리아는 3년 동안 지속된 아시리아군의 포위 공격을 버티다가 결국은 함락됨으로써, 북이스라엘 왕국은 완전히 패망하게 된다(기원전 722년).[1] 그 결과 이스라엘 왕국의 영토는 사마리아(samerīna)라는 이름으로 아시리아의 속주가 되었다. 아시리아인들의

"나에게 마실 물을 좀 다오."(4,7)

식민 정책에 따라 지배층은 유배를 가야 했고, 북이스라엘 영토는 다른 곳에서 이주된 주민들로 대체되었다. 새로운 지도층이 다른 신들을 섬겼기 때문에 혼합주의적인 종교 의식을 올리게 되었고 이 지역에는 혼혈 주민들이 생겨났다.

  사마리아와 '야곱의 우물'에 관한 설명(4,1-6)으로 시작하는 이 계시 담화의 도입 부분은, 예수님께서 요한보다 더 많은 사람을 제자로 만들고 세례를 준다는 소문이 바리사이들에게 퍼져서 그들을 피해 유다를 떠나 다시 갈릴래아로 가게 되었다는 배경을 설정하고 출발한다 (4,1-3 참조). 이 도입부에 이어 예수님께서 "그때에 사마리아를 가로질러 가셔야 했다."(4,4)라는 내용이 곧바로 이어진다. 지리적으로 볼 때 사마리아는 남쪽 유다와 북쪽 갈릴래아의 중간 지역에 있지만, 유다에서 갈릴래아로 갈 때 반드시 거쳐야 하는 경유지는 아니었다. 예수님께서 원하신다면, 대부분의 유다인들이 기피하던 사마리아를 가로질러 가는 대신 요르단 계곡으로 내려가서 북쪽으로 올라가셔도 되었을 것이다. 그렇다면 예수님께서 구태여 사마리아 지방을 통과하는 코스를 선택하신 설명이 필요한데, 그 이유를 그리스말 본문에서 찾을 수 있다. "그때에 사마리아를 가로질러 가셔야 했다."(4절)에서 사용된 그리스말 본문은, 의무 또는 당위(當爲)를 표현하는 '에데이(ἔδει)[2]라는 단

---

1. 북이스라엘 왕국이 완전히 패망한 시기는, 아시리아 실록에 따르면 사르곤 2세(721-705년경) 때였고(*ANET* 284), 성경 본문에 따르면 살만에세르 5세 때였다(2열왕 17,5-6; 18,9-11).
2. 4절을 시작하는 첫 단어 '에데이(ἔδει)'는 우리말로 '필요하다, ~해야 한다'의 뜻인 그리스

어로 시작한다. 이 표현은 일상적인 당위를 표현하기 위해서가 아니라, 예수님의 사명과 관련된 것을 강조하기 위해서 사용된 것으로 보인다.

이와 같이 요한복음은 신학적인 큰 관심에 따라, 예수님의 공생활 중에 일어난 중요한 일화 가운데 하나를 사마리아 지방에 배치함으로써, 예수님과 사마리아 여인의 만남이 비(非)유다인, 곧 다른 민족들에 대한 교회의 선교 의지를 미리 보여주려고 한 것 같다(4,27-28; 12,20-24 참조).

정오 무렵 제자들은 먹을 것을 사러 고을에 가 있었고, 길을 걷느라 지치신 예수님께서는 야곱의 우물가에 앉아 쉬고 계셨다. 그때 마침 물을 길으러 온 사마리아 여인에게 예수님께서, "나에게 마실 물을 좀 다오." 하고 말씀을 건네시면서 예수님과 사마리아 여인의 첫 번째 대화(4,7-15)가 시작되는데, 대화의 내용은 '생명수'에 관한 것이었다. 일부 학자들은 "나에게 마실 물을 좀 다오."라는 예수님의 이 말씀과, 십자가 위에서 숨을 거두시기 전에 하신 "목마르다."(19,28)라는 말씀을 연결시키려고 한다. 그들의 주장을 받아들인다면 사마리아 여인과의 대화에서 이미 예수님의 죽음으로 시작되는 영광의 '때'가 암시되고 있는 것이다.

마실 물을 청하는 예수님께 사마리아 여인이 "선생님은 어떻게 유다 사람이시면서 사마리아 여자인 저에게 마실 물을 청하십니까?"라고 반문한다. 바로 이어 '사실 유다인들은 사마리아인들과 상종하지

말 δεῖ 동사의 미래·능동태·직설법·3인칭 단수인데, 여기서는 비인칭으로 사용되었다. 곧 '누군가가 무언가를 하는 것은 의무 또는 책임'이라는 의미로 사용된 것이다.

않았다.'라는 부연설명이 뒤따른다. 이것은 당시 유다인들과 사마리아인들이 서로 갈라져 적대적인 긴장 관계 속에 살게 된 사회적 분위기를 간략하게 설명하는 역할을 하면서 여인과의 대화를 이어준다. 바빌론 유배 뒤에 유다 땅으로 돌아온 유다인들은, 민족적 정체성을 되찾으려는 의도에서 사제 중심의 신정(神政) 체제를 주장하며 엄격한 개혁을 단행하였다. 그들이 보기에는 이민족과 피가 섞여 혼혈이 된 사마리아인들은 당연히 종교적으로 부정(不淨)한 민족이었다. 그래서 독실한 유다인들은 이 부정한 사람들과 같은 집기를 사용하는 것은 물론, 어떠한 형태의 접촉도 피해야 한다는 것이 당시의 분위기였다. 그러므로 마실 물을 청하는 예수님의 말씀을 듣고 사마리아 여인이 놀란 것은 당연한 일이었다(집회 50,25-26; 마태 10,5; 루카 9,52; 10,33 참조).

뜻밖의 요청에 당황하는 여인에게 예수님께서는 "네가 하느님의 선물을 알고 또 '나에게 마실 물을 좀 다오.' 하고 너에게 말하는 이가 누구인지 알았더라면, 오히려 네가 그에게 청하고 그는 너에게 생수를 주었을 것이다." 하고 말씀하셨다. 이제 예수님과 사마리아 여인의 대화는 '마실 물'에서 '생명수'로 넘어가는데, 고여서 죽은 물과 살아서 흐르는 물 사이의 이러한 대조는 구약에서부터 고전적으로 내려오는 주제이기도 하다(예레 2,13). 이 주제를 이용하여 예수님께서는 당신 자신을 계시하시는데, 니코데모와 이야기하실 때처럼 이것은 일부러 상대방에게 혼란을 일으키게 하여, 역설적으로 당신을 알아보게 하시는 방법이었다.

예수님께서는 하늘에 관한 말씀을 하셨지만 땅에 관련된 말씀으로만 곡해한 니코데모처럼, 이 여인도 지극히 단순한 생각으로 "선생님, 두레박도 가지고 계시지 않고 우물도 깊은데, 어디에서 그 생수를 마련하시렵니까? 선생님이 저희 조상 야곱보다 더 훌륭한 분이시라는 말씀입니까?" 하고 묻는다. 여인은 "너에게 생수를 주었을 것이다."라는 예수님의 말씀에서 '생수'를 영원한 생명을 주는 물(성령: 아래 설명 참조)이라는 뜻보다는, 글자 그대로 샘에서 솟아나오는 싱싱한 물로 생각하여, 두레박도 없이 자기에게 물을 주시겠다는 예수님께 "선생님이 저희 조상 야곱보다 더 훌륭한 분이시라는 말씀입니까?" 하고 되묻는 것이다.

이에 대하여 예수님께서 그 여자에게 "이 물을 마시는 자는 누구나 다시 목마를 것이다. 그러나 내가 주는 물을 마시는 사람은 영원히 목마르지 않을 것이다. 내가 주는 물은 그 사람 안에서 물이 솟는 샘이 되어 영원한 생명을 누리게 할 것이다." 하고 말씀하신다. 거의 사막이나 광야에 가까워 물마저 귀한 팔레스티나 땅에서 '물'은 생명과 같은 것이었다. 그래서 구약성경에서 물은 생명이 지니는 모든 가치의 상징으로(이사 12,3; 예레 2,13; 17,13), 특히 지혜(집회 15,3; 24,30-31; 바룩 3,12), 그리고 율법 또는 성령의 상징으로 쓰인다(이사 44,3; 요엘 3,1). 여기서 요한복음은, 예수님께서 주시는 물을 영원한 생명을 주시는 성령께서 내려오시는 것과 연결시켜 생각한다(7,38-39 참조).

"내가 주는 물은 그 사람 안에서 물이 솟는 샘이 되어 영원한 생명을 누리게 할 것이다."라는 말씀과 관련하여 예루살렘의 성 치릴로 주교는 '예비자 교리'(Cat. 16, De Spiritu Sancto 1,11-12. 16: PG 33,931-935. 939-942)에서 다음과 같이 설명한다.

이것은 마음이 준비되어 있는 이에게만 샘물처럼 솟아오르는 새로운 종류의 생명수입니다. 그런데 왜 여기서 성령의 은총을 물이라고 합니까? 이는 모든 것이 물에 의존하기 때문입니다. 물은 풀을 자라게 하고 생명체를 만들어 줍니다. 물은 비로 하늘에서 내려옵니다. 물은 언제나 같은 형태로 내려오지만 그 효과는 다양합니다. 그것은 팔마 나무에 미치는 효과가 다르고 포도나무에 미치는 효과가 달라도 모든 것에 모든 것이 됩니다. 물 그 자체는 항상 같은 것이고 변함이 없습니다. 하늘에서 내려오는 비는 아무 변함이 없이 내립니다. 그러나 물은 그것을 받아들이는 사물의 성질에 적응하여 각각 적합한 것으로 됩니다.

성령도 이와 마찬가지입니다. 하나이시고 한 본성이시며 나뉨이 없으시지만 각자에게 당신이 원하시는 대로 은총을 나누어 주십니다. 마른 나무가 물을 받으면 새싹을 내는 것과 마찬가지로, 죄에 빠진 영혼도 회개함으로써 성령의 은총을 받으면 정의의 열매를 맺습니다. 성령은 비록 본성상 하나이지만 하느님의 뜻으로 그리고 그리스도의 이름으로 다양한 효과를 일으킵니다.

그러자 여인은 "선생님, 그 물을 저에게 주십시오. 그러면 제가 목마르지도 않고, 또 물을 길으러 이리 나오지 않아도 되겠습니다." 하고 말씀드렸다. 이번에도 예수님의 말씀에 담긴 심오한 뜻은 제대로 파악하지 못하고 또다시 현실적으로 이해하여 '마실 물'만 생각한 것이다. 이 여인의 우문우답식 질문과 대답은 현실적 차원에만 계속 머무르지만, 요한복음은 이런 대조를 통하여 예수님의 영적인 말씀과 여인의 몰이해를 부각시킨다.

사마리아 여인과의 두 번째 대화(4,16-26)는 "가서 네 남편을 불러 이리 함께 오너라."라는 말씀에 여인이 "저는 남편이 없습니다."라고 대답하면서 시작된다. 이제 대화의 주제는 '생명수'에서 '진실한 예배'에 관한 내용으로 넘어간다. 예수님께서 "'저는 남편이 없습니다.' 한 것은 맞는 말이다. 너는 남편이 다섯이나 있었지만 지금 함께 사는 남자도 남편이 아니니, 너는 바른대로 말하였다." 하고 말씀하시자, 여인은 "선생님, 이제 보니 선생님은 예언자시군요." 하면서 예수님을 '예언자'로 고백한다. 당시 유다인들은 여자는 두 번, 많아야 세 번 혼인할 수 있다고 생각하였다. 이 점을 인정하더라도 여자가 다섯 번이나 혼인하는 것은 사마리아인들을 포함하여 고대 근동 전체의 관념에서 볼 때에도, 도덕이나 관습에 어긋나는 일이었다. 예수님께서 자기의 숨은 사생활을 포함하여 과거사를 꿰뚫어 아시는 것을 보고, 여인은 예수님을 '예언자', 곧 하느님의 사람으로 보고 경의를 표한 것이다.[3]

여기서 눈여겨 볼만한 변화가 감지되는데, 사마리아 여인이 예수님을 부르는 칭호가 점점 우호적으로 바뀌고 있다는 점이다. 우선 "선생님은 어떻게 유다 사람이시면서 사마리아 여자인 저에게 마실 물을 청

---

3. 이와 관련하여 아래 내용도 참조. 유다인 역사가 플라비우스 요세푸스의 『유다 고대사』에 따르면, 전통적으로 사마리아 사람들은 다섯 우상을 섬겼던 것으로 보이는데, 이러한 흔적이 2열왕 17,32-41에서 발견된다. 요세푸스는 우상숭배를 간음으로 표현하는 구약성경을 근거로 하여, 이 여인의 다섯 남편을 다섯 우상과 연결시킨 것으로 보인다. 또한 일부 학자들은, 구약성경은 물론 신약성경이 하느님과 백성, 그리스도와 교회의 관계를 혼인 관계, 곧 부부 관계로 표현하는 시각에서 출발하여 이를 설명하려고 한다. 성경에서 '6'은 불완전한 숫자를 의미하는데, 지금 사마리아 여인이 함께 사는 남자는 여섯 번째 남편이므로, 상징적인 의미로 이해하여 결국 이 여인은 불완전한 남편과 살고 있는 셈이다. 이 여인이 마지막에 가서 예언자·그리스도로 고백하게 될 예수님이야말로 이제 일곱 번째 남편으로 결국 완전한 남편과 살게 되는 셈이다.

하십니까?"(4,9)에서 '선생님'으로 번역한 그리스말 본문(σύ)은 우리말 '당신'(2인칭 대명사)에 해당하는 단어이다. 그리고 "선생님, 두레박도 가지고 계시지 않고 우물도 깊은데, 어디에서 그 생수를 마련하시렵니까?"(4,11)에서 '선생님'으로 번역한 그리스말 본문(κύριος, 퀴리오스)은 본디 '주인'을 뜻하는 말로서, 하느님이나 그리스도와 관련해서는 '주님'으로 번역되는 단어와 같은 것이다. 그런데 앞에서 인용한 4장 11절에서 사마리아 여인이 예수님의 호칭으로 사용한 '퀴리오스(주님)' 칭호는, 아직은 그리스도에 대한 신앙 고백 같은 특별한 뜻 없이, 그냥 상대방을 높여 부르는 단순한 호칭에 불과한 것으로 판단된다. 하지만 "선생님, 이제 보니 선생님은 예언자시군요."(4,19)에서 '선생님'의 경우는 예수님을 예언자로 알아보고 고백하면서 사용한 칭호이다. 이러한 칭호의 변화는, 예수님이 누구신지에 대한 여인의 깨달음과 믿음이 점점 커져가는 과정을 보여준다. 자기에게 물을 청하던 한 사람의 유다인이, 대화를 통하여 이제 선생님, 예언자의 모습으로 바뀌어가는 것이다.

이어서 여인은 "저희 조상들은 이 산에서 예배를 드렸습니다. 그런데 선생님네는 예배를 드려야 하는 곳이 예루살렘에 있다고 말합니다." 하면서 예수님께 참된 경신례에 관한 결정적인 질문에 답을 해 주십사고 청한다. 예수님께서는 "여인아,[4] 내 말을 믿어라. 너희가 이 산도 아니고 예루살렘도 아닌 곳에서 아버지께 예배를 드릴 때가 온다.

---

4. 이 '여인(그리스말 γυνή, 귀네)'이라는 호칭은 카나의 혼인 잔치(2,4)에서 어머니 마리아에게 사용한 호칭과 같은 것으로, 여기에서도 아무런 경멸의 뜻 없이 예의 바르게 부르는 호칭이다.

너희는 알지도 못하는 분께 예배를 드리지만, 우리는 우리가 아는 분께 예배를 드린다. 구원은 유다인들에게서 오기 때문이다."(4,21-22) 하고 말씀하신다. 그런데 신명기계 역사서는 주님께서 이스라엘을 아시리아인들의 손에, 유다를 바빌론인들의 손에 넘기신 이유가, 이스라엘과 유다 모두 예루살렘에서만 예배를 올려야 한다는 말씀(예배의 중앙 집중화: 신명 12장)과, 주님만을 섬기라고 강력하게 촉구하는 신명기의 이 두 가지 기본 요구를 존중하지 않았기 때문이라고 강조한다. 특히 신명기 12장에 따르면, 약속의 땅 정착 이후 이스라엘은 모든 예배를 예루살렘에서만 올려야 했다. 기원전 933년 이스라엘과 유다 왕국이 남북으로 갈라진 뒤, 유다인들은 하느님께서 유일하게 현존하시는 예루살렘 성전에서 예배를 올렸다. 반면에 사마리아인들은 기원전 480년경부터 옛 스켐을 내려다보는 그리짐 산 위에 성소(聖所)를 세워 놓고 그곳에서 경신례를 거행하였다. 21절의 '너희'는 사마리아인만이 아니라 모든 사람을 가리키지만, 22절의 '너희'는 유다인들과 대립되는 사마리아인들을 일컫는다. 혼혈 민족이 되어 혼합 종교를 신봉하던 사마리아인들은 하느님을 제대로 알지 못하였기 때문에, 주(야훼) 하느님을 다른 신들과 함께 섬기고 있었던 것이다. 그런데 그리짐 산 위의 이 성소를 유다의 대사제 요한 히르카노스가 기원전 129년에 파괴해 버렸기 때문에 유다인과 사마리아인들 사이의 적대감은 더욱 깊어졌다. 바로 이러한 종교적·사회적 배경을 반영하여 여인이 예수님께 질문하고 있는 것이다.

이와 같이 사마리아 여인이 속한 북왕국은 그리짐 산에서, 남왕국은 시온 산 예루살렘 성전에서 예배를 드리면서 자기들이 올리는 경신례만이 정통 예배라고 주장하였다. 그러나 예수님께서는 "진실한 예배자들이 영과 진리 안에서 아버지께 예배를 드릴 때가 온다. 지금이 바로 그때다."라고 말씀하신다. 진실한 예배는 '그리짐 산'이나 '시온 산'과 같은 장소가 아니라, '영과 진리 안'에서 드리는 형식이 중요하다는 말씀이다. 여기서 '영'은 하느님의 영, 또한 모든 피조물의 존재 방식을 초월하는 영적 은혜의 근원인 '영'(24절), 곧 성령을 가리킨다. 성령께서 내리시면 하느님을 아버지로 알아 공경할 수 있게 되는데, 이렇게 '진리' 안에서 이루어지는 경신례가, 이제 예수님과 함께 시작되는 종말의 시대를 특징짓는 것이다. 그리하여 특히 예루살렘에서 거행되는 전례를 포함한 다른 모든 경신례는 이제 효력이 지난 것이 된다(사도 7,47-48 참조). 영과 진리 안에서 아버지께 드리는 예배란, 그리스도의 현존 안에서 그리스도를 통하여 드리는 예배인데, 예수님께서는 이 점을 강조하시면서 지금이 바로 그때라고 말씀하신다. "구원은 유다인들에게서"(22절; 또한 이사 2,3; 로마 3,1-3; 9,3-5 참조) 오는 것으로, 곧 유다인들 가운데 한 사람이 되신 "세상의 구원자"(42절) 예수님에게서 오기 때문이다(요한 1,17).

이에 대하여 여인이 "저는 그리스도라고도 하는 메시아께서 오신다는 것을 압니다. 그분께서 오시면 우리에게 모든 것을 알려 주시겠지요."라고 화답하자, 예수님께서는 "너와 말하고 있는 내가 바로 그 사람이다." 하고 말씀하심으로써 당신이 메시아이심을 분명하게 밝히신다. 예수님의 이 대답에는 더욱 폭넓은 신학적 의미가 포함될 수 있다. 예수님께서는 여기서도 요한복음에서 당신 스스로를 계시하실 때 주로 사용하신 '나다(ego eimi)' 형식을 사용하셨다. "나다."라는 표현 방식은 하느님께서 당신 자신을 모세에게 계시하신 형식으로 예수님께서도 이를 당신 자신께 적용하신 것이다(탈출 3,14-15; 호세 1,9. 그리고 요한 6,20; 8,24.28.58; 13,19 참조).

예수님과 사마리아 여인의 직접적인 대화는 여기서 마감되지만, 이제 여인은 자신의 믿음에 머물지 않고 이를 증언하게 된다(4,27-30). 그 사이에 먹을 것을 사러 고을로 내려갔던 제자들이 돌아와 예수님께서 여인과 이야기하시는 것을 보고 놀랐다. 예수님께서 단순히 낯선 여자에게 말을 건네지 않는 관습을 무시하신 것만이 아니라, 당신의 '말씀'을 여자에게, 그것도 사마리아 여자에게 전하고 계셨기 때문이다. 아무튼 제자들은 아버지께서 찾으시는 것을(23절) 예수님도 찾으신다는 사실을 아직 깨닫지 못하고 있었다.

그 사이에 여인은 물동이를 버려둔 채 고을로 내려가 사람들에게 "제가 한 일을 모두 알아맞힌 사람이 있습니다. 와서 보십시오. 그분이 그리스도가 아니실까요?"(28절) 하면서 예수님에 대하여 증언한다. 여인의 증언은 "그리스도가 아니실까요?"라는 질문 형식으로 되어 있지만, 대부분의 학자들은 이 표현을 신앙고백으로 이해한다. 곧 여인은 수사학적인 증언을 한 셈이고, 이 증언을 들은 고을 사람들은 예수님께 모여 왔다. 세례자 요한의 증언으로 예수님을 만나게 된 안드레아가 형 베드로에게 예수님을 메시아로 증언한 것처럼, 또한 예수님의 부르심을 받은 필립보가 나타나엘에게 예수님을 증언한 것처럼, 이 여인도 고을 사람들에게 예수님을 메시아로 증언하는 것이다. 이와 같이 요한복음은 신앙이 믿음으로 끝나는 것이 아니라 그 믿음이 '증언'으로 이어져야 함을 강조한다.

이제 예수님께서는 돌아온 제자들과 추수에 관한 계시담화를 이어가신다(4,31-38). 제자들이 예수님께 잡수실 것을 권하자 "나에게는 너희가 모르는 먹을 양식이 있다."라고 말씀하시는데, 제자들 역시 현실적 차원에서 예수님의 말씀을 글자 그대로 이해하여 "누가 스승님께 잡수실 것을 갖다 드리기라도 하였다는 말인가?" 하고 말한다. 예수님께서는 "내 양식은 나를 보내신 분의 뜻을 실천하고, 그분의 일을 완수하는 것이다." 하고 말씀하신 다음, "너희는 '아직도 넉 달이 지나야 수확 때가 온다.' 하고 말하지 않느냐?"라며 가르침을 이어가신다.

팔레스티나에서는 통상적으로 11-12월에 씨를 뿌리고 4월 중순 이후에 수확한다. 이렇게 자연의 순리에 따라 수확을 하려면 최소한 넉 달이 있어야 하니 당연히 기다려야 한다고 생각하였을 것이다. 예수님께서는 그렇게 생각하는 제자들에게 "자, 내가 너희에게 말한다. 눈을 들어 저 밭들을 보아라. 곡식이 다 익어 수확 때가 되었다." 하고 종말의 수확에 관한 말씀을 하신다. 들판의 곡식이 무르익은 상태를 보면 수확까지 얼마나 남았는지 정확히 예상할 수 있다. 그러나 종말의 '수확'은 자연의 이치에 따라 순리대로 진행되는 것이 아니다. 예수님께서는 당신의 현존을 통하여 종말의 추수가 이미 시작되었고, 온 세상에 걸쳐 실행될 것임(42절)을 강조하신다. 그리하여 바로 지금 예수님께 다가오는 사마리아인들이 그 수확의 맏물이 된 셈인 것이다(마태 9,37-38; 루카 10,2 참조).

또한 예수님께서는 "나는 너희가 애쓰지 않은 것을 수확하라고 너희를 보냈다. 사실 수고는 다른 이들이 하였는데, 너희가 그 수고의 열매를 거두는 것이다."(38절) 하고 말씀하신다. 여기서 씨를 뿌리느라고 수고한 다른 이들은 옛 예언자들, 특히 예수님 당신을 가리키지만, 종말에는 제자들이 수확꾼이 되어 씨를 뿌린 이들의 고생과 고통의 결실을 대신 거두어들이는 것이라는 말씀이다.

대화의 결론에 해당하는 마지막 단락(4,39-42)은, 여인의 말을 듣고 예수님을 찾아간 사마리아인들이 "우리가 믿는 것은 이제 당신이 한 말 때문이 아니오. 우리가 직접 듣고 이분께서 참으로 세상의 구원자이심을 알게 되었소." 하고 말하며 믿음을 갖게 되었다는 내용으로 마무리된다. 여기서 사마리아 사람들은 자기들이 예수님을 믿게 된 것은 여인의 말과 증언 때문이 아니라, '세상의 구원자'인 그분을 직접 보고 그분의 말씀을 듣고 깨달았기 때문이라고 말한다. 곧 여인의 증언 자체가 자기들을 신앙으로 이끈 것이 아니라, 여인은 다만 예수님의 말씀, 그리고 그분 자신을 만나게 해주는 계기를 마련해 준 것에 불과하다는 것이다. 결국 그들이 그분을 믿게 된 것은 자기들의 간청으로 예수님이 사마리아에 이틀이나 머무시는 동안 자신들이 예수님의 현존 안에서 체험하고 그분을 알게 되어 '세상의 구원자'로 고백하게 되었다는 것이다. 이 '구원자'라는 칭호는 구약성경에서는 때로 하느님께 적용되고(이사 43,3), 헬레니즘 세계에서는 더러 황제에게도 부여되지만, 신약성경은 이 칭호를 일반적으로 예수님께 적용한다(마태 1,21; 루카 1,47; 2,11; 사도 5,31; 13,23; 필리 3,20). 특히 요한복음에서는 접두사 '세상'을 첨가하여 '세상의 구원자'라는 표현으로(1요한 4,14) 구원의 보편성을 강조한다. 예수님을 '세상의 구원자'라고 부른 이 표현이, 예수님과 사마리아 여인의 이야기 끝에 배치되어 있어서 그 상징적 의미가 더욱 부각된다.

요한복음의 계시담화의 특징 가운데 하나는, 예수님에 대한 앎을 통해 그것을 믿고 그것을 다른 사람들에게 증언할 것을 촉구하면서 마무리하는 것이다. 다른 계시담화들 안에서처럼, 사마리아 여인과의 계시담화에서도 그 특징이 고스란히 드러난다. 요한복음은 이 텍스트를 독해하면서 묵상하는 모든 사람에게, 사마리아 여인처럼 믿고 고백하는 바를 다른 사람들에게 증언하도록 촉구한다.

생명의 빵과 영원한 생명의 말씀 | 05

요한복음 6장 전체는 두 가지 표징, 곧 '빵과 물고기를 많게 하신 표징'(네 번째 표징: 6,1-15)과 '물 위를 걸으신 표징'(다섯 번째 표징: 6,16-21), 그리고 두 가지 계시담화, 곧 '생명의 빵'(6,22-59)과 '영원한 생명'에 관한 말씀과 그에 따른 결단을 촉구하는 담화(6,60-71)로 구성되어 있다. 특히 위의 두 가지 표징[1]은, 구약성경의 파스카 만찬과 홍해(갈대바다)에 관련된 내용을 전하는 파스카 설화와 밀접하게 연결되면서 새로운 '출애굽'을 상징한다. 또한 요한복음은 이 두 표징과 함께 두 가지 담화 안에서 성찬례에 대한 신학을 전개한다.

앞서 출간한 '요한복음 신학&영성 1' 『저의 주님, 저의 하느님!』에서 살펴보았듯이, '빵과 물고기를 많게 하신 표징' 일화에는 초대교회 성찬례의 상징이 명백히 보존되어 있다. 요한복음에서 빵을 많게 한 이 기적은, 무엇보다 예수님께서 '생명의 빵'과 '영원한 생명'에 대하

---

1. 참고로 이 두 가지 표징에 관한 내용은 앞서 출간한 '요한복음 신학&영성 1' 『저의 주님, 저의 하느님!』에서 설명하였다.

여 말씀하시는 두 가지 계시담화를 도입하는 상징적 행동으로 이해된다. 하늘에서 빵을 내려주시는 분은 '모세가 아니라 내 아버지'이시고, 예수님은 하늘에서 내려온 참된 양식이시다. 그래서 그분께서는 당신을 믿는 이들을 배불리 먹이신다(6,33).

생명의 빵(6,22-59)

빵을 많게 하는 비슷한 이야기들이 복음서에 여섯 번(마태오복음서와 마르코복음서에 각각 두 번, 루카복음서와 요한복음서에 각각 한 번) 나온다. 복음서들이 초대교회에서 강조한 이러한 관심은 특히 성찬례 모임에서 표출되었을 것이다.

빵의 기적을 전하는 부분에서 "예수님께서는 빵을 손에 들고 감사를 드리신 다음,[2] 자리를 잡은 이들에게 나누어 주셨다."라는 구절과 비슷한 표현의 문장이 '생명의 빵'에 대한 계시담화를 시작하는 앞부분에 다시 나온다. 여기서 '감사를 드리신 다음'이라는 말은 명백하게 초대교회 성찬례(Eucharistia)를 규정하는 특징적인 표현으로, 우리가 다루고 있는 이 단락 전체가 초대교회에서 거행되던 성찬례의 맥락 속에 전개된다는 사실을 암시하면서 이 점을 강조한다.

이 계시담화의 공간적 장소는 카파르나움이다. 빵을 많게 하신 표징을 본 사람들이 "이분은 정말 세상에 오시기로 되어 있는 그 예언자시

---

2. 여기서 요한복음은 '감사를 드리다(εὐχαριστεῖν, eucharistein)' 동사를 사용하는데, 이 동사는 공관복음이 최후 만찬 때 사용한 단어와 같은 것으로, '성체성사(εὐχαριστία, eucharistia)'도 이 단어에서 유래한다.

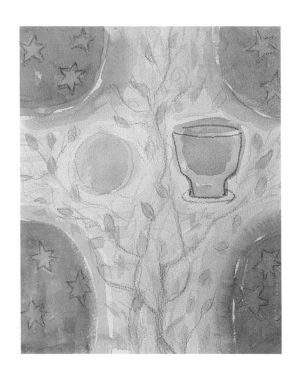

"나는 생명의 빵이다."(6,48)

다." 하고 말하면서 억지로 모셔다가 임금으로 삼으려고 하자(6,14-
15) 혼자서 다시 산으로 물러가셨다가 물 위를 걸으시는 기적(6,16-
21)을 통하여 당신의 신성을 드러내시고 제자들과 합류하신 바로 그
곳이다.

예수님의 기적으로 빵을 풍족하게 먹은 사람들이 다시 배를 나누
어 타고 카파르나움으로 가서 호수 건너편에서 그분을 찾아내 "라
삐, 언제 이곳에 오셨습니까?" 하고 물었다. 군중은 예수님의 권능을

사실로 인정하지만, 그 사실의 참의미는 깨닫지 못한 채 예수님의 권능에서 얻을 수 있는 이익 때문에 그분께 관심을 가지게 되었다. 그래서 예수님께서는 "내가 진실로 진실로 너희에게 말한다. 너희가 나를 찾는 것은 표징을 보았기 때문이 아니라 빵을 배불리 먹었기 때문이다. 너희는 썩어 없어질 양식을 얻으려고 힘쓰지 말고, 길이 남아 영원한 생명을 누리게 하는 양식을 얻으려고 힘써라. 그 양식은 사람의 아들이 너희에게 줄 것이다. 하느님 아버지께서 사람의 아들을 인정하셨기 때문이다."(6,27) 하고 대답하셨다. 여기서 하늘에서 오신 분인 '사람의 아들'께서 행하시는 표징들은, 하느님께서 그분 활동의 정통성을 보장해 주시는 것이며(3,33) 또 사람들이 사람의 아들을 통하여 영원한 생명을 얻을 수 있다는 가능성을 보여주는 것이기도 하다. 그러므로 군중은 빵을 먹는 것만으로 만족해서는 안 되고, 빵을 많게 하신 분을 보고 열광만 해서도 안 되며, 그 표징에 담긴 의미, 곧 당신이 사람들을 먹이고 또 살리는 분이심을 믿어야 한다는 말씀이다. 그러자 그들이 "하느님의 일을 하려면 저희가 무엇을 해야 합니까?" 하고 물었다. 예수님께서 "하느님의 일은 그분께서 보내신 이를 너희가 믿는 것이다." 하고 대답하셨는데, '하느님을 위하여 일하는' 유일한 길은 그분이 보내신 분을 믿음으로써 그분의 일에 협조하는 것이다.

군중은 다시 예수님께 "그러면 무슨 표징을 일으키시어 저희가 보고 선생님을 믿게 하시겠습니까? 무슨 일을 하시렵니까? '그분께서는 하늘에서 그들에게 빵을 내리시어 먹게 하셨다.'는 성경 말씀대로, 우리 조상들은 광야에서 만나를 먹었습니다." 하면서 다그치듯 물었다. 이집트를 탈출할 때 일어난 기적 가운데에서 가장 큰 것으로 간주되는 것은, 광야에서 이스라엘인들이 매일 받아먹은 만나였다(탈출 16,15; 민수 11,7; 21,5; 신명 8,3; 지혜 16,20). 사람들은 이 사실을 자랑스럽게 내세우며, 옛날 이스라엘인들이 보았던 기적보다 더 훌륭한 이적을 일으켜 메시아라는 당신의 주장을 정당화하라고 요구하는 것이다. 그들은 예수님께서 빵을 많게 하신 기적을 목격하였지만, 그 표징을 일으키신 분의 실체(신원)는 알아보지 못하였던 것이다. 표징에 담긴 의미, 곧 그분이 누구신가를 제대로 알아보기 위해서는 믿음이 필요한데, 큰 기적을 본다고 믿음의 눈이 그냥 열리는 것이 아니다.

당신에 대한 그릇된 생각으로 기적을 요청하는 그들에게 예수님께서는 "내가 진실로 진실로 너희에게 말한다. 하늘에서 너희에게 빵을 내려 준 이는 모세가 아니다. 하늘에서 너희에게 참된 빵을 내려 주시는 분은 내 아버지시다. 하느님의 빵은 하늘에서 내려와 세상에 생명을 주는 빵이다."(6,32-33) 하고 말씀하시면서, 이제 계시담화가 절정에 이른다.

요한복음에서는 이스라엘인들이 구약의 가장 위대한 인물로 여기는 모세(1,17; 5,45-46; 7,19.24)를 비롯하여, 야곱(4,4-15), 아브라함(8,31-59) 같은 인물들이 자주 언급된다. 이들은 모두 예수님 안에서 이루어지는 구원의 도래를 증언하는 지난 과거에 속한 인물들이다. 초기 그리스도인들은 구약성경을, 무엇보다도 하느님 아드님의 강생에 대한 예언으로 간주하고, 예수님에게서 구약성경의 약속들이 실현되었다고 믿었다. 비슷한 예를 들면, 빵을 배불리 먹은 사람들은 예수님께서 일으키신 표징을 보고, "이분은 정말 세상에 오시기로 되어 있는 그 예언자시다."(6,14) 하고 말하였는데, 그들은 '주 하느님께서 이스라엘에게 모세와 같은 예언자를 일으켜 주실 것'(신명 18,15 참조)이라는 약속이 예수님에게서 이루어진 것으로 생각하였다. 광야에서 백성들에게 만나와 메추라기를 보낸 사람이 모세가 아니라 하느님이셨듯이, 신적인 권능으로 빵과 물고기를 많게 하여 많은 군중을 배불리신 분은 예수님이시다. 그러므로 "하늘에서 너희에게 참된 빵을 내려 주시는 분은 내 아버지", 곧 십자가 위에서 자신을 희생 제물로 봉헌하시어 당신 몸과 피를 양식으로 내어주시는, 하느님이신 예수님이시다.

이어서 "선생님, 그 빵을 늘 저희에게 주십시오." 하고 간청하는 군중에게 예수님께서는 "내가 생명의 빵이다. 나에게 오는 사람은 결코 배고프지 않을 것이며, 나를 믿는 사람은 결코 목마르지 않을 것이다."(6,34-35) 하고 말씀하신다. 예수님께서는 하느님의 선물인 '생명'이나 '빛'이 당신 안에서 완성된다고 말씀하시면서 당신 친히 '생명' 또는 '빛'이라는 표현을 가끔 사용하신다(8,12; 10,7.9; 11,25; 14,6; 15,1). 예수님을 믿음은 참 생명에 동참하는 것이며, 예수님을 믿는 이들에게 그분은 "생명의 빵이시다."(51절)

그러나 그들은 "나는 하늘에서 내려온 빵이다."(6,41)라는 예수님의 말씀에, "저 사람은 요셉의 아들 예수가 아닌가? 그의 아버지와 어머니도 우리가 알고 있지 않은가? 그런데 저 사람이 어떻게 '나는 하늘에서 내려왔다.'고 말할 수 있는가?"(6,42) 하고 수군거리며 인간적인 측면에서 그분의 신원에 대하여 말하기 시작하였다. 이에 대하여 예수님께서는 "내가 진실로 진실로 너희에게 말한다. 믿는 사람은 영원한 생명을 얻는다. 나는 생명의 빵이다. 너희 조상들은 광야에서 만나를 먹고도 죽었다. 그러나 이 빵은 하늘에서 내려오는 것으로, 이 빵을 먹는 사람은 죽지 않는다. 나는 하늘에서 내려온 살아 있는 빵이다. 누구든지 이 빵을 먹으면 영원히 살 것이다. 내가 줄 빵은 세상에 생명을 주는 나의 살이다."(6,47-51) 하고 말씀하시며 더욱 심오하게 계시담화를 이어가신다.

특히 마지막 절인 "내가 줄 빵은 세상에 생명을 주는 나의 살이다."(6,51ㄴ)에서 '살'은, 가능성과 나약성까지 포함하여 인간의 실체를 이루는 모든 것을 가리킨다. 이는 이렇게 '살'을 취하여 사람이 되심으로써 나약한 인간의 조건 아래 존재를 시작하시고 십자가 죽음을 통하여 인류 구원을 완성하신 그분의 구원 가치를 강조하는 것이다. 또한 "내가 줄 빵은 세상에 생명을 주는 나의 살이다."(6,51)라는 이 말씀은 넌지시 당신의 수난을 암시하는 "이는 너희를 위하여 내어 주는 내 몸이다."(루카 12,19; 1코린 11,24)라는 말씀과 연결된다. 분명 이 말씀에는, 예수님의 죽음이 지니는 세상 구원의 차원을 드러내는 전통적 표현이 담겨 있다. 곧 예수님께서는 십자가의 죽음을 통하여 당신 자신을 기꺼이 내어주심으로써 영원한 생명의 근원이 되시는 것이다(10,11.15; 11,50-52; 15,13; 17,19; 18,14; 1요한 3,16 참조). 이렇게 예수님께서는 당신의 죽음과 부활을 통하여 몸소 '생명의 빵'이 되시어 구약의 약속을 충만하게 실현하셨다. 곧 "너희 조상들은 광야에서 만나를 먹고도 죽었지만"(6,49) 당신 몸인 이 '생명의 빵'을 먹는 사람은 죽지 않고 영원한 생명을 얻게 된 것이다.

바로 이어지는 말씀들(6,52-59) 안에서 요한은, 앞에서 제시한 주제들 가운데 많은 내용을 반복하면서 성체성사에 관한 가르침으로 이 단락의 마지막 부분을 마무리한다. 그런데 "내가 줄 빵은 세상에 생명을 주는 나의 살이다."(6,51)라는 예수님의 말씀에 유다인들은 "저 사람이 어떻게 자기 살을 우리에게 먹으라고 줄 수 있단 말인가?"(6,52) 하며 서로 말다툼을 벌였다.

　그러나 예수님께서는 "내 살을 먹고 내 피를 마시는 사람은 영원한 생명을 얻고, 나도 마지막 날에 그를 다시 살릴 것이다. 내 살은 참된 양식이고 내 피는 참된 음료다. 내 살을 먹고 내 피를 마시는 사람은 내 안에 머무르고, 나도 그 사람 안에 머무른다."(6,55-56) 하고 말씀하시면서 성체성사에 대한 가르침을 계속 이어가신다. 최후의 만찬 때 제자들에게 주신 빵과 포도주, 곧 그리스도의 살과 피는 생명을 보장하는 양식과 음료가 되어 예수님과, 또 그분을 통하여 성부와 일치를 이루는 삶을 살아가게 한다. 이제 성찬례가 바로 이 일치를 특권적으로 드러내는 표징이 되는 것이다. 또한 하늘에서 내려오셨다가 다시 그리 올라가신 사람의 아들을 믿고 또 그분께서 제정하신 성체성사에 동참하는 이들은, 그분 안에 있는 이 천상적 생명을 나누어 받게 된다. 그리하여 성체성사는 믿는 이들에게 부활의 '누룩'과 같은 것이 된다 (5,21-29; 6,39.40.44 참조).

영원한 생명의 말씀(6,60-71)

'생명의 빵'에 관한 예수님의 계시담화를 들은 청중의 반응은 아주 극명한 차이를 보인다. "이 말씀은 듣기가 너무 거북하다. 누가 듣고 있을 수 있겠는가?"(6,60)라고 하는 이가 있고, "주님, 저희가 누구에게 가겠습니까? 주님께는 영원한 생명의 말씀이 있습니다."(6,68)라고 고백하는 이들도 있다. '너무 거북하다.'고 투덜거리는 제자들에게 예수님께서는 "이 말이 너희 귀에 거슬리느냐? 사람의 아들이 전에 있던 곳으로 올라가는 것을 보게 되면 어떻게 하겠느냐?" 하고 말씀하신다. 분명 예수님의 수난 가운데 십자가는, 믿지 않는 이들에게는 걸려 넘어지게 하는 지고의 '스캔들'인 동시에 신앙인의 눈에는, 성자께서 창조 이전부터 누리시던 영광 속으로 다시 올라가시는 것이다(1,15; 17,5.24). 이와 마찬가지로 예수님께서 선포하신 말씀도, 그분께서 영광스럽게 되시고 또 성령께서 내리시면(7,39) 그 모든 의미가 밝혀지게 될 것이다. 그래서 예수님의 인간적인 모습과 십자가를 꿰뚫어(13,7 참

"주님, 저희가 누구에게 가겠습니까?
주님께는 영원한 생명의 말씀이 있습니다."(6,68)

조) 그분의 영광을 식별하고, 그분께서 하시는 말씀과 행동의 진실성과 권능을 알아볼 수 있어야 하는 것이다.

이어서 예수님께서는 당신의 말씀과 행적을 알아보기 위해서는, 아버지께서 이를 허락하셔야 하고 성령의 도우심이 절실하다는 의미에서 "영은 생명을 준다. 그러나 육은 아무 쓸모가 없다. 내가 너희에게 한 말은 영이며 생명이다." 하고 말씀하신다. 여기서 '영'은 하느님 또는 예수님에게서 오는 '영'을 가리키고(7,39; 17,2 참조), '육(또는 살)'은 자기 자신에게만 내맡겨진 제한된 가능성 안에 갇힌 인간을 뜻하는데, '육'으로서 인간은 혼자 힘으로 예수님의 말씀과 표징의 깊은 뜻을 깨닫지 못하고 또 믿지도 못한다(37절). 반대로 '영'은 인간을 비추어 주는 생명의 힘으로서, 그의 눈을 열어 주고 예수님에게서 표현되는 '말씀'을 식별하게 해 준다.

예수님 말씀에 대한 청중의 반응이 크게 둘로 갈라졌듯이, 이제 예수님의 말씀 때문에 걸려 넘어지는 유다 이스카리옷과 그 말씀을 받아들이는 베드로의 모습이 소개된다. 예수님의 말씀이 불러일으킨 파장과 그 걸림돌을 뛰어넘지 못하는 믿음은 헛된 것인데, 여기에서부터 요한복음은 이미 유다의 배신을 예고한다(13,11.18.21-30). 여기서도 요한복음의 특징 가운데 하나인, "그러나 너희 가운데에는 믿지 않는 자들이 있다."라는 예수님의 말씀에 바로 이어, "사실 예수님께서는 믿지 않는 자들이 누구이며 또 당신을 팔아넘길 자가 누구인지 처음부터 알고 계셨던 것이다."라는 편집자의 설명이 첨가된다. 그리고 마지막 구절에서는 "이는 시몬 이스카리옷의 아들 유다를 가리켜 하신 말씀이었다. 사실 그는 열두 제자 가운데 하나이면서도 머지않아 예수님을 팔아넘길 자였다."(6,71) 하고 구체적으로 밝힌다. 예수님께서 열두 제자를 뽑으신 선택은 그들의 자유를 묵살하는 것도 아니고, 그들 가운데 누군가 그분을 배신할 가능성을 제거해 버리지도 않는다. 그분을 팔아넘긴 자는 사실 사탄의 도구가 된 것이지만(13,2.27; 8,44 참조), 예수님께서는 친히 당신의 수난을 주관하신다. 수난의 '때'를 아시고(13,1; 18,4) 그 '때'에 앞서 나아가시지만(2,4; 12,27 참조), 그러나 그 순간은 아직 당신의 때가 이르지 않았던 것이다.

반면 베드로는 신앙인이 가져야 할 근본적인 태도를 보인다. 이 일이 일어난 뒤로 제자들 가운데에서 많은 사람이 되돌아가자, 예수님께서는 열두 제자에게 "너희도 떠나고 싶으냐?" 하고 물으셨다. 역시 시몬 베드로가 나서서 "주님, 저희가 누구에게 가겠습니까? 주님께는 영원한 생명의 말씀이 있습니다. 스승님께서 하느님의 거룩하신 분이라고 저희는 믿어 왔고 또 그렇게 알고 있습니다." 하고 신앙을 고백한다. 참다운 믿음은 영원한 생명을 약속하고 또 실제로 가져다주시는 분을 전적으로 추종하는 것인데, 이 장면은 카이사리아 필리피에서 베드로가 한 고백을 생각하게 한다(마태 16,16-23; 마르 8,27-33; 루카 9,18-22 참조).

간음하다 잡힌 여자 | 06

요한복음 사가도 공관복음서 전승에서 다루는 사건을 많이 전하는 게 사실이다. 하지만 공관복음서에 공통된 자료를 독자적으로 선택할 뿐만 아니라, 자기만의 자료를 이용하여 복음을 저술하였는데, 이 단락의 내용이 전형적으로 이 경우에 해당한다. 요한복음서 안에서 이 일화가 위치한 자리는, 구조나 내용면에서 볼 때 연결 부분이 매끄럽지 못하고 매우 낯설다. 오히려 이 이야기를 생략하면, 예수님께서 초막절 마지막 날 예루살렘에서 가르치신 내용을 놓고 수석 사제들과 바리사이들이 서로 논쟁을 벌이는 앞의 단락(7,45-52)과 '세상의 빛'으로 당신을 계시하시는 다음 단락(8,12-20)의 말씀들이 문맥상 깔끔하게 연결되기 때문이다. 여하튼 공관복음서가 전혀 언급하지 않는 간음한 여자 이야기에(7,53-8,11) 관해서는 거의 모든 학자가 의견의 일치를 보이는데, 곧 어디에서 유래하는지 모르는 이 이야기가 구전(口傳)으로 내려오다가, 나중에 요한복음서 안으로 들어가게 되었다는 것이다.

이 일화는 "그들은 저마다 집으로 돌아가고 예수님께서는 올리브 산으로 가셨다."(7,53-8,1)라는 말씀으로 시작하는데, 요한복음에서 '예

"너희 가운데 죄 없는 자가 먼저 저 여자에게 돌을 던져라."(8,7)
"나도 너를 단죄하지 않는다.
가거라. 그리고 이제부터 다시는 죄짓지 마라."(8,11)

수님께서 올리브 산으로 가셨다.'라는 표현은 이곳에서만 등장한다. 구약성경 즈카르야 예언서에 따르면 하느님께서는 주님의 날에 절대적 권능과 함께 최후의 심판을 내리시기 위하여 "예루살렘 맞은편 동쪽에 있는 올리브 산 위에 발을 딛고"(14,4) 서실 것이라고 전한다. 여기서 올리브 산은 심판의 장소라는 이미지를 주는데, 이러한 배경에서 볼 때 이 일화 뒤에 바로 이어지는 '나는 세상의 빛이다'(8,12-20)라는 단락도 간접적으로나마 이 사실을 뒷받침해 주는 것으로 보인다. 곧 간음이 '어둠'에 속한다면 '빛'은 생명에 속하는 것이므로, '어둠'과 '빛', '심판'과 '구원', 이 두 가지 대당 개념을 비교하는 것으로 이해할 수도 있기 때문이다.

이 일화는 율법 학자들과 바리사이들이 간음하다 붙잡힌 여자를 현장에서 끌고 와서 가운데에 세워 놓고, 율법에 따르면 모세는 이런 여자에게 돌을 던져 죽이라고 명령하였는데(레위 20,10; 신명 22,22-24), "스승님 생각은 어떠하십니까?" 하고 예수님께 조언을 청하는 내용으로 시작된다.

간통과 간음죄와 관련하여 성결법전에서는 "어떤 남자가 한 여자와 간통하면, 곧 어떤 남자가 자기 이웃의 아내와 간통하면, 간통한 남자와 여자는 사형을 받아야 한다."(레위 20,10)라고 규정하고 있다. 그리고 신명기 법전에서는 "어떤 남자가 남편이 있는 여자와 동침하다가 들켰을 경우, 동침한 그 남자와 여자 두 사람 다 죽어야 한다. …어떤 젊은 처녀가 한 남자와 약혼을 하였는데, 성읍 안에서 다른 남자가 그 여자와 만나 동침하였을 경우, 너희는 두 사람을 다 그 성읍의 성문으로 끌어내어, 그들에게 돌을 던져 죽여야 한다."(신명 22,22-24)라고 명한다. 이 두 법전에 따르면, 구약성경에서 간통과 간음죄는 모든 여성에게 적용되는 것이 아니라 혼인한 여자(레위 20,10)와 약혼한 여자(신명 22,22-24)에게만 적용되며, 돌을 던져 죽일 때에는 여자만이 아니라 간통한 남녀 모두에게 던져야 하는 것이다.

또한 신명기는 율법 규정에 따라 누군가를 간음죄로 고발하여 돌을 던져 죽이려면, 간음한 남녀 모두를 성문(법정)으로 끌어내어 세우고 "반드시 증인 둘이나 셋의 증언이 있어야 그를 죽일 수 있지만, 증인 한 사람의 증언으로 그를 죽여서는 안 된다."(신명 17,6 참조)라고 규정하고 있다. 그런데 요한복음의 이 여인의 경우에는 율법에서 요구하는 간음죄에 관한 규정과 죄를 범한 자들을 처리하는 절차 등에 있어서 여러 가지 문제점이 제기된다. 곧 간음하다가 붙잡힌 이 여인만 끌려 왔을 뿐, 간통 상대방이나 증인들의 구체적인 증언 등에 대한 언급은 전혀 없다. 율법 학자와 바리사이들은 단지 예수님께 "모세는 율법에서 이런 여자에게 돌을 던져 죽이라고 우리에게 명령하였습니다. 스승님 생각은 어떠하십니까?"(8,5) 하면서, 율법에 따라 이 여인에게 돌을 던지는 것이 옳은지 여부를 물을 뿐이다. 이 여인에게 돌을 던져 죽이지 않고 예수님께 끌고 온 것을 보면, 아마도 간통죄가 완전히 성립하기에는 조건이 미흡했던 것이 아닐까!

아무튼 바로 이어서 요한복음은 "그들은 예수님을 시험하여 고소할 구실을 만들려고 그렇게 말한 것이다."(8,6) 하고 설명하면서, 그들이 예수님께 이 규정에 대한 유권해석이나 조언을 구하는 것이 아니라, 올가미를 씌우려는 의도였음을 분명하게 밝힌다. 그런데 요한복음에서는 이곳에서만 예수님의 적대자로 '율법 학자들과 바리사이들'이 언급된다. 다른 곳에서는 주로 산헤드린의 구성원인 '수석 사제들과 바리사이들'이 등장한다는 사실을 참조할 때 이 점도 생경스럽다.

당혹스럽고 난처한 질문임에 틀림없었겠지만, 예수님께서도 그들이 당신에게 올가미를 씌우려고 한다는 점을 깨달으시고, 몸을 굽히시어 손가락으로 땅에 무엇인가 쓰기 시작하셨다. 예수님께서 땅에 쓰신 내용과 관련하여 일부 학자들은 "이스라엘의 희망이신 주님, 당신을 저버린 자는 누구나 수치를 당하고 당신에게서 돌아선 자는 땅에 새겨지리이다. 그들이 생수의 원천이신 주님을 버린 탓입니다."(예레 17,13)라는 말씀과 연결시켜 해석한다. 그 이유는 예레미야 예언서의 이 말씀이 당신에게 올가미를 씌우려는 율법 학자들과 바리사이들을 향한 경고에 잘 어울리기 때문이다. 그들이 예수님께 줄곧 물어 대자, 예수님께서 몸을 일으키시어 "너희 가운데 죄 없는 자가 먼저 저 여자에게 돌을 던져라." 하고 그들에게 이르셨다. 이렇게 말씀하신 이유는, 간음한 자를 향하여 "증인들이 먼저 그에게 손을 대고, 온 백성이 그 뒤를 따라야 한다. 이렇게 너희는 너희 가운데에서 그 악을 치워 버려야 한다."(신명 17,7)라는 율법의 규정을 상기시키심으로써(탈출 23,6-7; 신명 17,5-7) 적대자들이 쳐 놓은 올가미를 피하시고, 또한 더 간단히 그 여자를 고소한 자들에게 그들 자신도 죄인임을 상기시키려는 것이었다(마태 7,1-2 참조).

이 일화의 마지막 부분은 예수님의 가르침으로 마무리된다. 예수님의 이 말씀을 듣고 나이 많은 자들부터 시작하여 하나씩 하나씩 떠나가고, 마침내 그 여자만이 남게 되자 예수님께서 "여인아, 그 자들이 어디 있느냐? 너를 단죄한 자가 아무도 없느냐?" 하고 물으셨다. 그 여자가 "선생님, 아무도 없습니다." 하고 대답하자, 예수님께서 "나도 너를 단죄하지 않는다. 가거라. 그리고 이제부터 다시는 죄짓지 마라." 하고 말씀하셨다.

일부 학자들은 이 일화를 구약성경 다니엘 예언서에 등장하는 수산나 일화(다니 13장)와 연결시켜 설명한다. 수산나 이야기가 전하려는 목적은, 하느님께서는 당신께 도움을 청하는 무죄한 이들을 결코 저버리지 않으신다는 점을 드러내는 데에 있다. 불의를 저지르는 사악한 두 늙은이와는 달리, 무고한 수산나는 간통죄로 고발되어 죽을 위험에 처하였음에도 불구하고 하느님께 모든 것을 내어맡기고 배우자의 본분에 성실했다. 그리하여 다니엘의 현명한 판결[*]로 무죄를 선고받았다는 사실을 요한복음의 간음한 여자의 경우에도 적용하려는 것이다. 요한복음에서 이 여인은 간음한 현장에서 붙잡혀왔다고 하지만 이 여인만 혼자 잡혀왔고, 또한 이와 관련된 여러 정황이나 간음죄가 성립되기 위한 율법의 여러 조건 등이 미흡하거나 간과된 것처럼 보인다. 이 점을 고려하여, 다니엘 예언자가 수산나를 구해준 것처럼, 예수님께서도 율법 학자들과 바리사이들의 덫에서 이 여인을 구출하였다는 의미로 이해하려는 것이다. 그러나 이보다 더욱 중요한 메시지는, 이 여인의 경우를 통하여 무고한 예수님을 고소할 구실을 찾기 위하여 애쓰는 율법 학자들과 바리사이들의 사악한 행동을 드러내려는 것이기도 하다.

그러므로 이 일화에서 강조하는 내용은 이 여인이 간음죄를 범하였는가의 여부가 아니라, 예수님께서 이 이야기와 여인의 경우를 통하여

---

[*] 이 다니엘이라는 이름은 '하느님께서 심판하신다.'라는 뜻이다.

계시하시고자 하는 내용, 무엇보다도 당신께서는 죽어야 할 죄마저도 용서하실 수 있는 분이라는 것이다. 예수님께서는 "나도 너를 단죄하지 않는다. 가거라. 그리고 이제부터 다시는 죄짓지 마라." 하고 말씀하신다.

베타니아에서 한 여자가
예수님께 향유를 발라 드린 일화 | 07

"이 여자를 그냥 놔두어라. 그리하여 내 장례 날을 위하여 이 기름을 간직하게 하여라. 사실 가난한 이들은 늘 너희 곁에 있지만, 나는 늘 너희 곁에 있지는 않을 것이다."(12,7-8)

앞에서 설명한 것처럼 요한복음은 시간적 구도에 따라 예수님 생애의 특정 활동을 세 주간으로 나누어 상징적으로 해석한다. 첫째 주간은 예수님의 세례부터 카나의 혼인 잔치(1,29-2,12)까지, 둘째 주간은 예수님의 수난 주간(12,1-19,14), 마지막 주간은 예수님의 부활 주간(20,1-26)이다. 이 구도에 따르면, 베타니아에서 마리아가 예수님의 발에 향유를 부어드린 일화(12,1-8)는 '표징의 책'(1,19-12,50) 마지막 부분을 시작하는 단락으로 시간적 구분으로는 '수난 주간'에 해당한다. 이 일화는 예수님의 수난과 죽음을 예고하면서, 내용면에서는 '영광의 책'(13,1-20,31)으로 옮겨갈 준비를 한다.

요한복음은 예수님께서 베타니아에 사는 마르타와 마리아, 그리고

"그런데 마리아가 비싼 순 나르드 향유 한 리트라를 가져와서,
예수님의 발에 붓고 자기 머리카락으로 그 발을 닦아 드렸다.
그러자 온 집 안에 향유 냄새가 가득하였다."(12,3)

라자로와 친근한 우정을 나누시면서 그들을 사랑하셨다고 확언한다. 특히 11장은 마르타가 열렬한 환대로 주님을 맞아들이고 마리아는 주님의 말씀을 경청하였으며, 죽어서 묻혔던 라자로가 주님께서 명령하시자 즉시 무덤에서 걸어 나온 일을 전한다. 라자로가 다시 살아난 표징을 전하는 일화를 전후로 하여 그들은 주 예수님을 자기네 집에 모셔 들이고 당신께서 바로 부활이며 생명이라 하신 주님의 말씀을 듣고 믿게 되었다.

이러한 시간적 구도를 자세히 살펴보면, 유다인들의 축제가 예수님의 공생활에 많은 영향을 주었음을 확인할 수 있다. 즉 이 일화의 시간적 배경은 파스카 축제 엿새 전이었다. 그리고 장소적 배경은 "예수님께서 죽은 이들 가운데에서 다시 일으키신 라자로가 살고 있는"(12,1) 예루살렘 근교 베타니아이다.

거기에서 예수님을 위한 잔치가 베풀어졌다. 마르타는 시중을 들고 라자로는 예수님과 더불어 식탁에 앉아 있었으며, 마리아는 비싼 순나르드 향유 한 리트라를 가져와 예수님의 발에 붓고 자기 머리카락으로 발을 닦아 드렸다는 구체적인 상황 설명과 함께 이야기가 전개된다. 공관복음에서는 어떤 여인이 예수님의 머리에 향유를 발라드렸다고 전하는 반면(마태 26,7; 마르 14,3 참조), 요한복음은 마리아가 머리가 아니라 발에 향유를 붓고 자기 머리카락으로 닦아 드렸다고 전한다. 이처럼 적극적인 행동을 통하여 마리아는 조금은 과장된 방식으로 자기의 겸손과 사랑을 적나라하게 드러내고, 이 광경을 바라보던 유다 이스카리옷이 "어찌하여 저 향유를 삼백 데나리온에 팔아 가난한 이들에게 나누어 주지 않는가?" 하고 말하면서 이 일화는 긴장관계에 들어가게 된다. 이스카리옷의 말에 바로 이어 요한복음은, "그가 이렇게 말한 것은, 가난한 이들에게 관심이 있어서가 아니라 도둑이었기 때문이다. 그는 돈주머니를 맡고 있으면서 거기에 든 돈을 가로채곤 하였다." 하고 설명을 덧붙인다. 요한복음에서는 유다 이스카리옷에 대한 언급이 자주 등장한다.[1]

그러자 예수님께서는 "이 여자를 그냥 놔두어라. 그리하여 내 장례날을 위하여 이 기름을 간직하게 하여라. 사실 가난한 이들은 늘 너희 곁에 있지만, 나는 늘 너희 곁에 있지는 않을 것이다." 하고 말씀하셨다. 그런데 이 일화와 관련된 단락에서 마태오복음은 예수님께서 "왜 이 여자를 괴롭히느냐? 이 여자는 나에게 좋은 일을 하였다. 사실 가난한 이들은 늘 너희 곁에 있지만, 나는 늘 너희 곁에 있지는 않을 것이다. 이 여자가 내 몸에 이 향유를 부은 것은 내 장례를 준비하려고 한 것이다."(마태 26,10-12; 마르 14,6-8 참조) 하고 말씀하셨다고 전한다. 마태오복음에서는 향유를 붓는 것을 장례 의식의 일부로 이해하였는데, 장례는 후기 유다교에서 권장하는 선행('좋은 일') 가운데 하나이다(토빗 1,17-19; 사도 9,36 참조). 유다교 라삐들에 따르면 다른 이들을 장사지내 주는 일은 자선과는 달리 개인적인 투신이 요구되는 것일 뿐만 아니라, 가난한 이들과 산 이들은 물론 부유한 이들과 죽은 이들에게

---

1. 곧 "제자들 가운데 하나로서 나중에 예수님을 팔아넘길 유다 이스카리옷"(12,4)을 지칭하는 표현이, 영원한 생명의 말씀에 관한 계시담화 마지막 절에서도 나타난다. 예수님께서는 제자들에게 "내가 너희 열둘을 뽑지 않았느냐? 그러나 너희 가운데 하나는 악마다."(6,70) 하고 말씀하셨는데, 여기서도 요한복음은 "이는 시몬 이스카리옷의 아들 유다를 가리켜 하신 말씀이었다. 사실 그는 열두 제자 가운데 하나이면서도 머지않아 예수님을 팔아넘길 자였다."(6,71) 하고 설명한다.

도 베풀 수 있는 선행이다(마태 25,35-45; 마르 15,42-47; 사도 8,2 참조). 이와 같이 예수님께서는 죽은 이를 장사 지내 주는 것과 같은 선행을, 자선보다 높이 평가하는 유다교의 고전적인 교리를 상기시키면서 자선과 유다교에서 권고하는 또 다른 선행, 곧 죽은 이들을 장사지내 주는 일을 대립시키신다.

한편 마르코복음은 마리아가 향유가 든 옥합을 깨서 향유를 전부 썼다는 의미로 전한다.[2] 요한복음에는 향유를 전부 썼다는 말은 없고, 오히려 "이 여자를 그냥 놔두어라. 그리하여 내 장례 날을 위하여 이 기름을 간직하게 하여라. 사실 가난한 이들은 늘 너희 곁에 있지만, 나는 늘 너희 곁에 있지는 않을 것이다."(12,7-8)라고 하신 예수님의 말씀을 전한다. 이 문장에 해당하는 그리스말 본문의 뜻이 명확하지는 않지만, 어떤 학자들은 이 말씀을 기름이 아니라 장례 의식을 미리 보여 주는 것으로 드러나게 될 이 행동에 대한 기억을 간직하라는 것으로 이해하기도 한다.

또한 향유를 붓는 이 선행은 예수님께서 늘 제자들 '곁에 계시지' 않을 것이기에 지금 아니면 할 수 없는 일이다. 그렇다고 예수님께서 가난한 이들과 당신 사이의 어떤 선후 관계에 대한 원칙을 여기에서 제시하시는 것은 아니다. 아무튼 요한복음은 왜 비싼 기름을 팔아서 '좋은 일'에 쓰지 않느냐는 질문에 용도가 따로 있다는 점을 강조하면서, 마리아의 이 행동이 예수님의 장례 의식을 미리 보여 주는 행위였

---

2. "어떤 여자가 값비싼 순 나르드 향유가 든 옥합을 가지고 와서, 그 옥합을 깨뜨려 그분 머리에 향유를 부었다."(마르 14,3)

"그리하여 수석 사제들은 라자로도 죽이기로 결의하였다.
라자로 때문에 많은 유다인이 떨어져 나가
예수님을 믿었기 때문이다."(12,10-11)

음을 암시한다. 결국 마리아가 예수님의 발에 향유를 붓고 자기 머리
카락으로 닦아드린 이 행동은, 예수님의 수난과 부활을 통해서 그 의
미를 얻게 될 것이다.

　이제 요한복음은 예수님께서 죽은 이들 가운데에서 다시 일으키
신 라자로와 함께 계시다는 소식을 듣고 많은 유다인들이 몰려왔는

---

3. 예수님께서 라자로를 죽음에서 다시 살리신 기적 때문에, 예수님에 대해서는 최고의회가
　이미 죽이기로 결의한 바 있다(요한 11,45-54).

데, "라자로 때문에 많은 유다인이 떨어져 나가 예수님을 믿었기 때문에"(12,11), 수석 사제들이 예수님은 물론[3] 라자로도 죽이기로 결의하였다고 설명하며 이 일화를 마무리한다.

스승님과 제자들 사이의 긴 대화 첫째 부분 | 08

'영광의 책'(13,1-20,31)에서 요한은 예수님 수난 때의 일들과 부활하신 그리스도의 발현을 길게 이야기한다. 짤막한 맺음말(20,30-31)에서 분명히 밝히듯, 특정 기적 또는 표징들을 가려내어 그 의미와 중요성을 부각시키면서 담화 형식으로 전한다. 이렇게 하는 목적은, 독자인 그리스도인들이 메시아시며 하느님의 아드님이신 예수님에 대한 신앙을 더욱 깊게 하고, 그럼으로써 하느님과의 일치 속에 이루어지는 자기들의 삶을 더욱 발전시키도록 이끌려는 데에 있다.

'영광의 책 들어가기'에서 이미, 요한복음서에는 공관복음서 전승의 많은 요소가 나오지 않는 대신 새로운 자료들이 적잖이 들어 있음을 지적하였다. 곧 카나의 혼인 잔치(2,1-11), 니코데모와의 대담(3,1-11), 사마리아의 어떤 부인과의 대화(4,5-42), 라자로의 부활과 그 뒷이야기(11,1-57), 제자들의 발을 씻으신 일(13,1-19), 수난과 부활 이야기에 나타나는 여러 가지 사항 등이 이에 해당한다. 요한복음에서는 사건을 길게 설명하는 설교나 대담도 주목을 끄는데, 예컨대 최후 만찬 뒤에 이어지는 마지막 대담은(13,31-17,26) 그 만찬을 넘어 교회의 시대를 준비하는 구실을 한다.

예수님께서 제자들과 함께 드시는 저녁 식사와 그들의 발을 씻어 주신 이야기(13,1-30), 그리고 고별담화(13,31-16,33)와 예수님의 기도(17,1-26)를 전하는 13장에서 17장까지 이르는 큰 문학 단원에는 여러 가지 요소와 다양한 자료가 모아져 있다. 그런데 지금 다루고자 하는 이 부분에는 중복되는 내용도 있고 순서가 자연스럽지 않은 부분도 있어서 단락을 구분하기가 어렵다. 제자들에게 평화를 남기고 떠나가시면서 "일어나 가자."로 마감되는 단락(14,27-31)은 예수님께서 체포되는 18,1-11의 장면과 자연스럽게 연결되기에, 14,27-31은 원래 예수님께서 하신 고별 말씀을 종결짓는 단락이었음이 분명하다. 하지만 요한복음은 첫째 고별 말씀(13,31-14,31)을 더욱 발전시키려고 15-17장에 이 단락을 집어넣은 것으로 보인다. 사실 13-17장에 담긴 말씀에는 예수님 시대와 맞지 않는 사항들이 나오지만, 내용상 십자가 죽음 전날 저녁에 예수님께서 제자들 앞에서 하신 행적과 말씀을 중심으로 구성되어 있다. 그 이유는 요한복음 사가가 예수님께서 영광 속에 들어 올려진 부활 이후, 1세기 말에 교회가 처한 여러 어려움 속에서 살아가는 신앙인의 관점 아래, 이 부분을 예수님께서 말씀하시는 것으로 설정하여 복음으로 전하기 때문이다.

우선 최후만찬(13,1-20)과 유다의 배신 예고(13,21-30), 그리고 스승이신 예수님과 제자들 사이의 긴 대화(고별담화: 13,31-16,33)로 이어지는 이 부분은, 잠정적으로 다음과 같이 크게 첫째 부분(13,31-14,31)과 둘째 부분(15,1-16,33)으로 나눌 수 있다.

첫째 부분: 스승님과 제자들 사이의 긴 대화(13,1-14,31)

  ⅰ) 예수님께서 제자들과 최후만찬을 하시고 제자들의 발을 씻어 주심

  (13,1-20)

  ⅱ) 새 계명을 주시다(13,31-35)

  ⅲ) 예수님께서 성령(보호자)을 약속하시다(14,15-31)

둘째 부분: 스승님과 제자들 사이의 긴 대화(15,1-16,33)

  ⅰ) 세상이 너희를 미워할 것이다(15,18-16,4)[1]

  ⅱ) 보호자 성령께서 하시는 일(16,5-15)

스승님과 제자들 사이의 긴 대화 첫째 부분(13,1-14,31)의 내용을 세분하여 살펴보자. 제자들과 나누신 예수님의 긴 담화 첫째 부분은, 십자가에 높이 들려 영광 속에 부활하실 예수님께서 제자들과 최후만찬을 하시면서 제자들의 발을 씻어 주시는 내용으로 시작한다(13,1-20). 그리고 유다 이스카리옷의 배신 예고(13,21-30)에 이어 제자들에게 새 계명(13,31-35)을 주시고 베드로가 당신을 모른다고 할 것을 예고하신 다음(13,31-38), 아버지께 가는 길(14,1-14)과 성령을 약속하시는 내용(14,15-31)으로 이어진다. 이 가운데 예수님께서 제자들과 최후만찬을 하시고 제자들의 발을 씻어 주신 내용과 제자들에게 새 계명을 주시고 성령(보호자)을 약속하신 부분을 중심으로 살펴보겠다.

---

1. 이 부분에 앞서 등장하는 '나는 참포도나무다.'(요한 15,1-17)라는 단락의 내용은 '요한복음 신학&영성 3', 『나다』에서 다룰 예정이다.

예수님께서 제자들과 최후만찬을 하시고 제자들의 발을 씻어 주시다(13,1-20)

> "주님이며 스승인 내가 너희의 발을 씻었으면, 너희도 서로 발을 씻어 주어야 한다. 내가 너희에게 한 것처럼 너희도 하라고, 내가 본을 보여 준 것이다."(13,14-15)

"만찬 때의 일이다."(13,2)라는 말씀이 제시하듯이, 요한이 전하는 고유한 전승에 속하는 이 단락에서 서술되는 예수님의 만찬은, 일반적으로

"식탁에서 일어나시어 겉옷을 벗으시고 수건을 들어 허리에 두르셨다.
그리고 대야에 물을 부어 제자들의 발을 씻어 주시고,
허리에 두르신 수건으로 닦기 시작하셨다."(13,4-5)

공관복음서에 나오는 최후의 만찬으로 추정된다. 그러나 요한복음에서는 파스카 만찬도, 성찬례 제정도 확실하게 언급되지 않고 그 대신 예수님께서 제자들의 발을 씻어 주신 내용을 전한다. 요한이 왜 최후 만찬을 이야기하지 않는지는 분명히 알 수 없지만, 6장에서 이미 긴 말씀을 전하였기 때문으로 보인다.

또한 이 단락을 시작하는 "파스카 축제가 시작되기 전, 예수님께서는 이 세상에서 아버지께로 건너가실 때가 온 것을 아셨다. 그분께서는 이 세상에서 사랑하신 당신의 사람들을 끝까지 사랑하셨다."(13,1)라는 말씀을 참조할 때, 예수님께서 제자들과 함께 나누신 고별담화의

"받아먹어라. 이는 내 몸이다."
(마태 26,26)

배경은 아마도 세 번째이자 마지막으로 지내신 파스카(요한 2,13; 6,4), 어린양처럼 당신을 희생 제물로 봉헌하신 예수님 자신의 파스카이다. 부차적이기는 하지만, 파스카에 해당하는 히브리말에는 '건너간다'라는 의미가 들어 있기 때문에, 예수님의 죽음을 '아버지께로 건너가실 때'라고 표현한 것은 그분의 죽음을 구약의 '파스카'와 연결시키고 있음을 깨달을 수 있다(탈출 12,11 참조). 또한 하느님에 의해서 이 세상에 파견되신 예수님께서 지상 사명을 완수하시고 다시 아버지께 돌아가신 것을 강조한다.

요한복음에 따르면 '파스카'는 니산달 15일 금요일 저녁에 시작되었다. 따라서 '파스카 축제가 시작되기 전'이라는 표현에 의하면, 예수님께서 파스카 전날인 14일 목요일에 제자들과 최후 만찬(고별만찬)을 거행하시고, 그 다음날인 파스카 당일에 돌아가신 것이다.[2] 이처럼 요한복음 사가는 죽음을 통하여 예수님을 현세적 조건에서부터 성부의 영광에 참여하는 것으로 이끌어 갈 사건(17,5 참조)이, 그분께 (또 그분을 통하여 성부를 믿는 이들에게) 진정한 파스카가 된다는 사실을 이야기하려고 한 것으로 보인다. 이러한 파스카는 이제 유다인들의 파스카와 대립하게 된다(2,13; 6,4; 11,55 참조). 예수님께서는 당신의 때가 온다는 사실(2,4; 7,6; 12,23.27)과 이제 막 시작되려는 사건의 의미를 완전히 의식하고 계셨다. 그리고 그것을 지고한 자유로 맞으시려고 하신다(10,18; 18,4; 19,28).

---

2. 그런데 공관복음서들은 니산달 15일 저녁에 예수님께서 제자들과 파스카 저녁식사를 함께 나누신 것을 최후 만찬으로 소개하면서, 이 파스카 만찬 때에 예수님께서 성찬례를 제정하신 것으로 전한다.

또한 "이 세상에서 사랑하신 당신의 사람들을 끝까지(그리스말 εἰς τέλος, 에이스 텔로스) 사랑하셨다."(13,1)에서, 예수님의 사랑을 함축적으로 전하는 '끝까지'라는 어휘는 시간의 끝만이 아니라(십자가 위에서 돌아가실 때까지), 정도의 끝(철저히, 지극히)도 의미할 수 있다. 그래서 요한은 이제 예수님의 활동, 특히 예수님의 수난에 의미를 부여한 것이 바로 이 '끝까지' 사랑하신 '사랑'이라고 강조하는 것이다(13,34; 15,9; 17,23; 1요한 3,16. 그리고 로마 5,8; 8,35; 2코린 5,14; 갈라 2,20; 에페 3,19; 5,1-2 참조). 그러므로 예수님의 수난 사건은 지상에서의 마지막 순간까지 이어지는 가장 크고 위대한 사랑, 곧 구원을 가져다주는 이 사랑의 마지막 행위이고, 사랑의 지고한 표현이 된다.

예수님께서는 "식탁에서 일어나시어 겉옷을 벗으시고 수건을 들어 허리에 두르셨다. 그리고 대야에 물을 부어 제자들의 발을 씻어 주시고, 허리에 두르신 수건으로 닦기 시작하셨다."(13,4-5) 예부터 남의 발을 씻는 것은, 노예일지라도 유다인일 경우에는 시킬 수 없는 굴욕적인 일로 여겨졌다. 남의 발을 씻어주는 일은 아버지에 대한 가장 지극한 효심 또는 주인에 대한 가장 지극한 존경심을 드러내는 행동에 버금가는 것이다. 구약의 예언자들이 상징적인 행동을 통하여 하느님에게서 받은 메시지의 의미를 더욱 강조하였듯이, 예수님의 이 행위도 예언자들의 상징적 행동에 비길 수 있다. 그분께서는 제자들의 발을 씻어주는 행동으로써 당신의 사랑을 보여 주시고 또 당신의 죽음을 예고하시는 것이다(7절).

이어서 예수님과 베드로 사이의 세 번에 걸친 대화(13,6-11)가 소개된다. 첫 번째 대화의 핵심은 베드로가 "주님, 주님께서 제 발을 씻으시렵니까?" 하고 말씀드리자, 예수님께서 "내가 하는 일을 네가 지금은 알지 못하지만 나중에는 깨닫게 될 것이다." 하고 대답하신 내용이다. 예수님께서 하신 말씀 가운데 '지금'과 '나중'이 돋보이는데, 여기서 '나중(그리스말 μετὰ ταῦτα, 메타 타우타)'을 직역하면 '이 일들 후에'이며, 여기서 말하는 '나중'은 예수님의 죽음과 부활을 의미한다.

두 번째 대화에서 베드로는 자주 인간적인 기준으로 판단했던(7,24; 8,15 참조) 것처럼 또다시 자기가 동경하는 메시아 모습과 상반되는 굴욕적인 행동을 하신다고 생각하여 예수님께 "제 발은 절대로 씻지 못하십니다." 하고 말씀드린다. 그러자 예수님께서는 "내가 너를 씻어 주지 않으면 너는 나와 함께 아무런 몫도 나누어 받지 못한다."라고 대답하신다. 베드로가 이를 거부하면 그는 예수님과 상관없는 사람이 되어 그분의 사랑과 죽음이 가져오는 혜택, 곧 하느님 나라에서 얻게 될 영원한 생명(14,3; 17,23; 묵시 20,6 참조)을 받지 못할 것이라는 말씀이다. 결국 베드로는 겸허하게 봉사하시어 당신의 목숨까지 내놓으시는 예수님의 사랑과 겸손의 행동을 인정하고 받아들임으로써, 새로운 생명을 깨닫고 거기에 동참할 수 있게 될 것이다.

그러자 베드로는 세 번째 대화에서 "주님, 제 발만 아니라 손과 머리도 씻어 주십시오."(9절) 하고 말씀드린다. 예수님께서는 그에게 "목욕을 한 이는 온몸이 깨끗하니 발만 씻으면 된다. 너희는 깨끗하다. 그러나 다 그렇지는 않다."(10절)라고 대답하신다. 예수님의 행동은 몸을 깨끗이 하는 데에 목적이 있는 것이 아니었지만, 베드로는 발을 씻어주시는 예수님의 행동에 담긴 진정한 의미를 신앙으로 받아들이지 않고

오로지 물리적이고 인간적인 차원에서만 바라보았던 것이다.[3]

그러나 예수님께서 베푸시는 정화(淨化)는 자동적으로 이루어지는 것이 아니다. 요한은 예수님께서 이미 당신을 팔아넘길 자를 알고 계셨기 때문에, "너희가 다 깨끗한 것은 아니다."(11절) 하고 말씀하셨다고 부연설명 한다. 유다 이스카리옷 역시 씻기기는 하였지만 실제적으로는 정화되지 않았던 것이다(1코린 11,26 참조).

제자들의 발을 씻어 주신 예수님께서는 겉옷을 입으시고 다시 식탁에 앉으신 다음, "내가 너희에게 한 일을 깨닫겠느냐?"(12절)라는 질문과 함께 담화를 계속 이어가신다. 제자들의 발을 씻음은 예수님의 생애와 수난의 본질을 상징적으로 드러낸다. 예수님께서는 "주님이며 스승인 내가 너희의 발을 씻었으면, 너희도 서로 발을 씻어 주어야 한다. 내가 너희에게 한 것처럼 너희도 하라고, 내가 본을 보여 준 것이다."(14-15절) 하고 말씀하심으로써 이 점을 분명하게 하셨다. 곧 사람들을 구원하시고자 가장 겸손한 봉사까지 떠맡으시는 예수님의 사랑이 제자들에게는 주님을 본받는 원동력, 또 그렇게 해야 하는 당위성의 바탕이 되는 것이다(13,34; 15,12 참조).

또한 제자들의 발을 씻어주신 예수님의 이 모습은, 아버지에게서 파견되시어 "내가 진실로 진실로 너희에게 말한다. 종은 주인보다 높지 않고, 파견된 이는 파견한 이보다 높지 않다."(16절) 하고 말씀하시며 아버지 하느님의 뜻을 받들어 종처럼 스스로 낮추시고 십자가 죽음에 이르기까지 순명하신 모습과도 연결된다. 공관복음은 예수님의 이러

---

3. 참고로 여기에 세례성사에 대한 암시도 들어 있을 수 있다고 주장하는 학자들도 있다.

한 모습과 행동을 '섬기는 사람'(루카 22,27)으로 소개한다. 예수님께서는 '섬기는 사람'으로서의 이 모습이 이제 당신에게서 파견을 받아 복음을 선포할 제자들의 모범이고 전형으로 계속 이어져, 스스로 낮추고 형제들을 위하여 봉사하는 데에 생명을 바쳐야 한다는 점을 강조하신다음, "이것을 알고 그대로 실천하면 너희는 행복하다."(13,17) 하고 말씀하신다.[4]

이어서 유다 이스카리옷까지 포함하여, 당신께서 선택하신 이들의 마음은 물론이고, 그들과 관련하여 앞으로 일어날 일들을 다 아시는 예수님께서 '제 빵을 먹던 그가 발꿈치를 치켜들며 저에게 대들었습니다.'(시편 41,10)라는 성경 말씀을 인용하시며 유다의 배반을 예고하신다. 그리고 이 "일이 일어나기 전에 내가 미리 너희에게 말해 둔다. 일이 일어날 때에 내가 나임을 너희가 믿게 하려는 것이다."(19절) 하고 말씀하셨다. 이 말씀은 이 일 때문에 제자들이 당황하거나 넘어지지 않도록 배려하신다. 고대 근동에서 윗사람과 식사를 하는 것은 그 사람에게 충성하겠다고 약속하는 것이나 마찬가지였다(2사무 9,7.13; 1열왕 18,19; 2열왕 25,29 참조). 그런데 발꿈치를 치켜드는 것은 상대방에게 적대적인 입장으로 돌아서서 그를 멸망시키려는 자세이다. 제자들의 입장에서 볼 때 자기들 가운데 한 사람이 스승님을 배신하는 것은 무척 당혹스러운 일일 수밖에 없었다. 그러나 예수님께서 유다의 배반을 미리 예고하신 것은, 제자들이 이러한 일이 벌어질 때 당신께서 이를

---

4. 이 순간 "십자가를 끌어안으려면 용기가 필요하며, 계속 십자가 위에 있으려면 인내가 필요하다."라는 프란치스코 교황의 권고가 귓가를 맴돈다.

"유다는 빵을 받고 바로 밖으로 나갔다.
때는 밤이었다."(13,30)

미리 말씀하셨다는 사실에서 용기를 얻을 수 있도록 하기 위해서였다.
이 예고가 예수님께서 모든 일을 다 아신다는 것, 그리고 그분의 삶이
성경에서 예고된 하느님의 뜻에 부합한다는 사실을 드러내기 때문이
다.[5]

---

5. 이처럼 아버지에게서 파견되어 오셨다가 아버지께로 다시 돌아가신 예수님의 모습과 악
   마에게서 와서 악마에게로 돌아간 유다 이스카리옷의 모습은 극명하게 비교되면서 대조적
   이다.

새 계명을 주시다(13,31-35)

> "내가 너희에게 새 계명을 준다. 서로 사랑하여라. 내가 너희를 사랑한
> 것처럼 너희도 서로 사랑하여라."(13,34)

이어지는 13-17장의 내용은 당신이 십자가 거양과 영광 속에 들어 올
려지심으로써 시작될 새 시대에 제자들과 그리스도인들이 살아갈 삶
의 조건에 관한 것이다. 이 단락(13,31-35) 이후로는 거의 예수님께서
마치 유언하시듯이 홀로 말씀하신다.

　유다 이스카리옷이 나간 뒤에 예수님께서는 사랑하는 제자들에게
"이제 사람의 아들이 영광스럽게 되었고, 또 사람의 아들을 통하여 하

"서로 사랑하여라."(13,34)

느님께서도 영광스럽게 되셨다. 하느님께서 사람의 아들을 통하여 영광스럽게 되셨으면, 하느님께서도 몸소 사람의 아들을 영광스럽게 하실 것이다. 이제 곧 그를 영광스럽게 하실 것이다."(13,31-32)라며 사랑의 새 계명에 관한 말씀을 시작하신다. 당신 생명을 내놓으심으로써 예수님께서는 성부와 일치를 이루시고, 또 완전한 순명으로 당신의 신성을 드러내시며 성부께서 당신께 맡기신 일을 끝까지 완수하시는데, 이로써 예수님께서는 성부를 계시하시고 또 그분을 영광스럽게 하신다는 점을 강조하신다. 이와 같이 예수님께서는 죽음에 이르기까지 겸손하게 봉사하시는 완전한 순명으로 성부를 영광스럽게 하시고, 성부께서는 이러한 예수님과 결합하신다. 곧 성부께서는 예수님을 당신의 영원한 영광에 동참시키시어 그분을 들어 높이시는 것으로 화답하시는 것이다(12,23.28; 14,13; 15,8; 17,1-5.22.24 참조).

이어서 예수님께서는 "얘들아, 내가 너희와 함께 있는 것도 잠시뿐이다. 너희는 나를 찾을 터인데, 내가 유다인들에게 말한 것처럼 이제 너희에게도 말한다. '내가 가는 곳에 너희는 올 수 없다.'"(13,33) 하고 말씀하시는데 당신의 영광은 당신이 떠나가심, 곧 돌아가심(들어 올려지심)으로 절정에 이르게 된다는 말씀이다. 유다인들에게 예고하신 대로(8,21-22)[6] 예수님께서 떠나가시면 당연히 제자들과도 떨어지게 되는데, 제자들은 스승님의 부재가 지니는 중요성과 가치를 깨달아야 한다(14,1.28; 16,16.19-22; 20,16-18). 사실은 예수님께서 제자들을 떠나시어

---

6. "예수님께서 다시 그들에게 이르셨다. "나는 간다. 너희가 나를 찾겠지만 너희는 자기 죄 속에서 죽을 것이다. 내가 가는 곳에 너희는 올 수 없다." 그러자 유다인들이 "'내가 가는 곳에 너희는 올 수 없다.' 하니, 자살하겠다는 말인가?" 하였다."(8,22-23)

"조금 있으면 너희는 나를 더이상 보지 못할 것이다.
그러나 다시 조금 더 있으면 나를 보게 될 것이다."(16,16)

성부께 돌아가셔야만, 비로소 참으로 그들 곁에 함께 계실 수 있게 되는 것이다(14,1-29 참조).

　사랑의 새 계명을 주시는 이 부분은 "내가 너희에게 새 계명을 준다. 서로 사랑하여라. 내가 너희를 사랑한 것처럼 너희도 서로 사랑하여라. 너희가 서로 사랑하면, 모든 사람이 그것을 보고 너희가 내 제자라는 것을 알게 될 것이다."(13,34-35)라는 말씀에서 절정에 이르게 된다. 이스라엘은 물론 다른 민족들도 상호간의 애정과 봉사를 강조하지만, 유독 예수님의 이 계명은 '새 계명'이라고 일컬어진다. 이렇게 불리는 이유는, 예수님께서 구약성경의 "너희는 마음을 다하고 목숨을 다하고 힘을 다하여 주 너희 하느님을 사랑해야 한다."(신명 6,5)라는 계명과 함께 "네 이웃을 너 자신처럼 사랑해야 한다."(레위 19,18)라는 계명을 모세 율법의 근본으로 내세우셨을 뿐 아니라(마태 22,37-39), 구약의 이 계명에 새로운 의미를 부여하시기 위하여 당신 몸소 제자들의 발을 씻어주시고 "내가 너희를 사랑한 것처럼"(13,34) "너희도 서로 사랑하여라."(13,34)라는 말씀대로 목숨까지 내어주시면서 그들을 '끝까지' 사랑하셨기 때문이다. 이와 같이 사랑의 새 계명 준수 여부가 예수님의 제자임을 알아보는 특징이 되고 예수님의 종말적 공동체 안에 들어갈 수 있는 근본적인 조건이 되었다. 아울러 무엇보다 이 계명을 실천하는 데에는 끝자리에 앉고, 또 다른 이들을 위하여 목숨까지 내놓게 만드는 겸손과 봉사의 의지가 요구된다는 의미에서도 새로운 계명이다. 그러므로 이제부터는 이 사랑이 주님께서 이 세상에 현존하신다는 표징이 될 것이다(17,21-23 참조).

죽음에 이르기까지 제자들을 사랑하신 예수님의 삶은 그분을 믿는 이들에게 규범과 방식을 제시할 뿐만 아니라, 형제적 사랑과 상호 교화를 충만히 실천하는 삶의 바탕이 되어야 한다. 이런 의미에서 예수님께서는 "내가 너희를 사랑한 것처럼 너희도 서로 사랑하여라." 하고 강조하신다. 요한1서에서도 주님께서 사랑을 명령하셨을 뿐만 아니라, 십자가 위에서 우리를 위하여 목숨을 내놓으시어 그 사랑을 지고한 방식으로 완수하셨기 때문에 '새 계명'이 된다. "그분께서 우리를 위하여 당신 목숨을 내놓으신 그 사실로 우리는 사랑을 알게 되었습니다. 그러므로 우리도 형제들을 위하여 목숨을 내놓아야 합니다."(1요한 3,16) 공관복음서에서는 이웃 사랑을 이야기하는 반면, 요한복음에서는 이렇게 제자들 사이의 사랑을 말한다. 사랑은 주고받음이 이루어지는 공동체 안에서 충만한 꽃을 피우게 될 것이다.

아울러 "너희가 서로 사랑하면, 모든 사람이 그것을 보고 너희가 내 제자라는 것을 알게 될 것이다."(13,35)라는 말씀을 통하여 예수님께서는 실생활에서 실천되는 형제적 사랑이, 사람들의 삶 속에 하느님의 사랑이 현존한다는 표징 그 자체가 된다는 사실을 강조하신다(15,1-17; 17,21-23 참조).

또한 요한은 첫째 서간에서 '하느님은 사랑이시다.'라는 말로(1요한 4,16도 참조) 하느님에 관한 추상적 정의를 내리는 것이 아니라, 하느

"십자가를 끌어안으려면 용기가 필요하며,
계속 십자가 위에 있으려면 인내가 필요하다."(프란치스코 교황)

님께서 당신 아드님을 통하여 자신을 사랑의 하느님으로 계시하셨음을 상기시킨다(1요한 4,9-11). 그런데 구원 역사에서 나타나는 하느님의 이 사랑은 동시에, 성자에 대한 하느님 아버지의 사랑도 드러낸다(요한 3,35; 5,20; 10,17; 15,9; 17,26). 요한에게는 모든 사랑이 하느님에게서 오는 것으로서(1요한 4,7) 삼위일체이신 세 분의 삶 자체를 우리에게 반영해 준다. 아울러 요한은 "우리가 하느님의 계명을 지키면, 그것으로 우리가 그분을 알고 있음을 알게 됩니다."(1요한 2,3) 하고 권면한다. 그런데 성경에서 '하느님을 알다'라는 표현(예레 31,34 참조)은[7] 단순히 그분에 관한 추상적 지식을 가리키는 것이 아니라, 그분과 인격적인 관계를 맺고 일치를 이루며 사는 것을 뜻한다. 이처럼 하느님에 대한 참된 앎의 기준은 그분 계명의 준수, 곧 근본적으로 이웃 사랑의 실천이다.

이어서 요한은 "'나는 그분을 안다.' 하면서 그분의 계명을 지키지 않는 자는 거짓말쟁이고, 그에게는 진리가 없습니다. 그러나 누구든지 그분의 말씀을 지키면, 그 사람 안에서는 참으로 하느님 사랑이 완성됩니다. 그것으로 우리가 그분 안에 있음을 알게 됩니다."(1요한 2,4-5)라고 권고한다. 이에 따르면, '하느님 사랑'은 세 가지로 이해할 수 있다. 곧 하느님에 대한 우리의 사랑, 우리에 대한 하느님의 사랑, 그리고 하느님의 사랑과 같은 사랑이다. 여기에서는 이 세 가지 사랑 모두가 다 포함될 수도 있다.

요한은 "하느님께서 우리에게 베푸시는 사랑을 우리는 알게 되었

---

7. 요한은 새 계약의 시대에 모든 사람이 하느님을 알게 된다는 예레미야서의 "그들이 낮은 사람부터 높은 사람까지 모두 나를 알게 될 것이기 때문이다"(예레 31,34)라는 말씀에서 그 영감을 받았을 수 있다.

고 또 믿게 되었습니다. 하느님은 사랑이십니다. 사랑 안에 머무르는 사람은 하느님 안에 머무르고 하느님께서도 그 사람 안에 머무르십니다."(1요한 4,16) 하고 권면하면서, 예수님께서 우리를 사랑하시기 때문에 우리를 위하여 당신 자신을 내놓으신 것처럼, 우리도 그분의 본보기에 따라 사랑으로 살아가야 한다(1요한 3,17-18)고 강조한다. 곧 믿는 이들은 사랑의 실천을 통하여 사랑 안에 머무를 수 있다는 것이다. 또한 하느님 오른편에 오르신, 그러면서도 계속 이 세상에 현존하시는 예수 그리스도께서는 당신의 온 존재로 하느님의 사랑을 보여 주셨는데, 바로 이 사랑으로 믿는 이들이 그리스도와 닮을 수 있으며, 이렇게 닮아 감으로써 확신을 가지고 하느님의 심판을 받으러 나아갈 수 있다고도 권면한다(1요한 3,18-21 참조).

한걸음 더 나아가 요한은 그리스도적 사랑의 근본 내용을 "우리가 하느님을 사랑하고 그분의 계명을 실천하면, 그로써 우리가 하느님의 자녀들을 사랑한다는 것을 알게 됩니다."(1요한 5,2) 하고 요약한다. 이 설명에서 사랑의 수평적 차원인 형제들에 대한 사랑과 수직적 차원인 하느님에 대한 사랑의 밀접한 관계가 드러난다. 이와 같이 형제들에 대한 사랑은 하느님에 대한 사랑에서 흘러나온다. 곧 형제들에 대한 사랑으로 하느님에 대한 사랑이 표현된다. 사실 그리스도인은 형제들이 하느님의 자녀이기 때문에 사랑한다(1요한 5,1). 그러므로 그의 사랑은 바로 그의 믿음에서 나온다. 다른 한편, 하느님에 대한 사랑의 진실성 여부를 판단하는 기준은 늘 앞에서 살펴보았듯이 하느님의 뜻을 실천하는 것, 그리고 바로 신자들에게 형제애를 명하는(1요한 3,23) 하느님의 계명을 지키는 것이어야 한다고 강조한다.

예수님께서 성령(보호자)을 약속하시다(14,15-31)

그런데 사마리아 여인과의 대화에서 예수님께서는 "하느님은 영이시다."(4,24)라고 말씀하셨다. 이 말씀을 통하여 예수님은 하느님의 비물질적인 특성이 아니라, 그분께서 모든 피조물의 존재 방식을 초월하는 영적 은혜의 근원이시라는 점을 강조하신 것으로 보인다.

이제 예수님께서는 "너희가 나를 사랑하면 내 계명을 지킬 것이다. 그리고 내가 아버지께 청하면, 아버지께서는 다른 보호자를 너희에게 보내시어, 영원히 너희와 함께 있도록 하실 것이다. 그분은 진리의 영이시다. 세상은 그분을 보지도 못하고 알지도 못하기 때문에 그분을 받아들이지 못하지만, 너희는 그분을 알고 있다. 그분께서 너희와 함께 머무르시고 너희 안에 계시기 때문이다."(14,15-17) 하고 말씀하시면서 보호자 성령을 약속하신다.

또한 "보호자, 곧 아버지께서 내 이름으로 보내실 성령께서 너희에게 모든 것을 가르치시고 내가 너희에게 말한 모든 것을 기억하게 해 주실 것이다."(14,26)와 "그분 곧 진리의 영께서 오시면 너희를 모든 진리 안으로 이끌어 주실 것이다. 그분께서는 스스로 이야기하지 않으시고 들으시는 것만 이야기하시며, 또 앞으로 올 일들을 너희에게 알려 주실 것이다."(14,26; 16,13 참조)라는 예수님의 말씀을 참조할 때 성령의 역할은 보호자, 곧 예수님의 삶을 곁에서 보았던 제자들이 하느님의 말씀을 제대로 이해하고 수용할 수 있도록 도와주고 그들을 모든 진리 안으로 이끌어 주시는 것이다.

'보호자'로 옮긴 그리스말 '$\pi\alpha\rho\acute{\alpha}\kappa\lambda\eta\tau o\varsigma$, 파라클레토스'는 요한복

"보호자, 곧 아버지께서 내 이름으로 보내실 성령께서
너희에게 모든 것을 가르치시고
내가 너희에게 말한 모든 것을 기억하게 해 주실 것이다."(14,26)

음서에 여러 차례 등장하는데(14,16.26; 15,26; 16,7), 이 용어는 지상에서
살아가는 신자들을 위하여 여러 가지 일을 하시는 성령을 가리킨다.
무엇보다 파스카의 '결실'이라고 할 수 있는(7,39; 16,7; 20,22) 진리의 성
령의 본질적이고 근본적인 역할은, 제자들과 믿는 이들이 이 모든 진
리를 깨닫도록, 곧 사람이 되신 하느님의 아들 예수님의 실체와 행적
을 이루는 모든 요소를 이해할 수 있도록 이끌어 주시는 것이다(16,5-
15). 그러므로 제자들은 성령을 받아(20,22), 성령 안에서 다시 태어나
야 하며(3,5), 그래야 비로소 보호자 성령에 힘입어 복음의 진리에 대한

확신을 갖게 되고 그리스도의 제자, 그리스도인으로서 제대로 살아갈 수 있다.

'파라클레토스'는 본디 사법 용어로서, 고소나 고발을 당한 이를 돕고 변호해 주도록 부름을 받는 이를 가리킨다. 그래서 일차적인 뜻은 '변호자, 협조자, 보호자'이다. 여기에서 이차적으로 '위로자, 중개자, 중재자'의 뜻도 나온다. '파라클레토스'라는 표현은 신약성경에서 요한복음을 포함한 요한계 문헌에만 나오는데, 때로는 성령(14,26; 15,26; 16,7)을, 때로는 그리스도를 가리킨다. 곧 "나의 자녀 여러분, 내가 여러분에게 이 글을 쓰는 까닭은 여러분이 죄를 짓지 않게 하려는 것입니다. 그러나 누가 죄를 짓더라도 하느님 앞에서 우리를 변호해 주시는 분이 계십니다. 곧 의로우신 예수 그리스도이십니다."(1요한 2,1)에서 '변호해 주시는 분'은 요한복음서에서 '보호자'로 옮긴 파라클레토스이다. 여기에서는 하느님 앞에서 그들을 위하여 중개해 주시는 주 예수님을 가리킨다(1요한 2,1).

보호자 성령을 "그분은 진리의 영이시다."(14,17) 하고 소개하신 예수님께서는 "내가 아버지에게서 너희에게로 보낼 보호자, 곧 아버지에게서 나오시는 진리의 영이 오시면, 그분께서 나를 증언하실 것이다."(15,26)라고 말씀하시면서 그분의 역할을 설명하신다. 이처럼 진리 자체이신 그리스도께서 보내시는 성령께서는, 제자들이 진리를 더욱 잘 깨쳐 나아가고(16,13) 또 그리스도를 증언할 수 있도록 도와주신다(요한 15,27; 1요한 4,6; 5,6 참조). 또한 이 말씀은 "성령께서는 성부와 성자에게서 발하시고 성부와 성자와 더불어 영광과 흠숭을 받으신다." 라는 '니케아-콘스탄티노폴리스' 신경에서 고백하는 삼위일체의 밀접한 관계를 제시하면서, 아울러 성령의 역할의 한 부분을 소개한다. 아버지에게서 나오시는 성령은 영광스럽게 되신 그리스도와 밀접히 관련되시는데, 바로 그 그리스도께서 이 성령을 세상에 보내시는 것이다(요한 14,15-17.25-26; 16,5-15; 1요한 3,24; 4,13; 티토 3,6 참조). 이 성령께서 제자들 앞에서, 그리고 그들을 통하여 세상에 예수님을 증언하시게 된다. 물론 이 '진리의 영'은 이 세상을 지배하는 오류의 영(1요한 4,5)과 거짓(요한 8,44)에 반대되는 분이시다.

또한 예수님께서는 "나는 너희를 고아로 버려두지 않고 너희에게 다시 오겠다. 이제 조금만 있으면, 세상은 나를 보지 못하겠지만 너희는 나를 보게 될 것이다. 내가 살아 있고 너희도 살아 있을 것이기 때문이다. 그날, 너희는 내가 아버지 안에 있고 또 너희가 내 안에 있으며 내가 너희 안에 있음을 깨닫게 될 것이다."(14,19-20) 하고 말씀하시면서 성령을 통하여 제자들은 물론 당신을 믿는 이들에게 돌아오시겠다고 약속하신다. 제자들은 예수님과 하나가 될 때에 비로소 예수님과 성부를 하나로 묶는 그 관계의 실체를 깨닫게 된다. 여기서 '그날'은 예수님의 십자가 위 현양과 부활로 시작되는데, 제자들과 그들의 증언을 바탕으로 이 사실을 믿는 이들은 부활하신 주님의 현존을 체험하고 그분의 새 생명에 동참하게 된다. 사실 요한복음에서 부활하신 분을 알아보고 그분의 생명에 동참하는 것은 이미 영원한 생명을 얻어 누리는 것이지만, 진리를 깨닫는 데에 자기 방식과 능력만을 고집하는 '세상'은 예수님의 죽음 너머로 그분을 알아보지 못하는 것이다(요한 7,34; 8,21 참조).

이어서 "내 계명을 받아 지키는 이야말로 나를 사랑하는 사람이다.

나를 사랑하는 사람은 내 아버지께 사랑을 받을 것이다. 그리고 나도 그를 사랑하고 그에게 나 자신을 드러내 보일 것이다."(14,21)라는 말씀을 통하여 예수님께서는 당신이 제시하신 계명의 준수, 곧 순명이 사랑과 믿음을 드러내게 된다고 강조하신다. 이러한 순명을 통하여 그분께서 나타내 보이신 성부의 사랑을 구체적으로 깨닫게 될 것이다.

이스카리옷 아닌 다른 유다가 예수님께, "주님, 저희에게는 주님 자신을 드러내시고 세상에는 드러내지 않으시겠다니 무슨 까닭입니까?"(22절) 하고 여쭈었다. 예수님의 부활 이전에는, 부활하신 예수님처럼 또 다른 존재 방식이 있을 수 있다는 것을, 또한 이 존재 방식은 특별한 방식으로 깨닫게 된다는 것을, 유다를 비롯한 제자들은 이해하지 못하고 있었다. 그러자 예수님께서 "누구든지 나를 사랑하면 내 말을 지킬 것이다. 그러면 내 아버지께서 그를 사랑하시고, 우리가 그에게 가서 그와 함께 살 것이다."(23절) 하고 유다의 질문에 간접적으로 대답하신다. 그리고 당신의 말씀을 지킴으로써 사랑을 실천하는 이들 곁에 당신과 성부께서 거처를 정하시리라고 말씀하신다. 이로써 구약성경의 신앙인들의 갈망이 이제 실현되는 것이다(1열왕 8,27; 에제 37,26-27; 즈카 2,14 참조).[8]

그러므로 "보호자, 곧 아버지께서 내 이름으로 보내실 성령께서 너희에게 모든 것을 가르치시고 내가 너희에게 말한 모든 것을 기억하게

---

8. 참조: "나는 그들과 평화의 계약을 맺으리니, 그것이 그들과 맺는 영원한 계약이 될 것이다. 나는 그들에게 복을 내리고 그들을 불어나게 하며, 나의 성전을 영원히 그들 가운데에 두겠다. 이렇게 나의 거처가 그들 사이에 있으면서, 나는 그들의 하느님이 되고 그들은 나의 백성이 될 것이다."(에제 37,26-27)

해 주실 것이다."(14,26)라는 예수님의 말씀을 통하여 보호자 성령께서 하시는 일을 올바로 이해하게 된다. 무엇보다도 그분의 역할은 예수님의 지상 사명 수행의 연장선상에서, 제자들이 예수님께서 말씀과 행적을 통하여 계시하신 내용을 제대로 이해하도록 그들을 이끌어주시는 것이다. 곧 예수님의 지상 생활에 동참한 제자들은(요한 15,27; 사도 1,21) 그분의 언행에 대한 기억을 보존하고 있는데, 부활하신 그리스도께서 보내시는 성령께서 그 언행의 깊은 의미를 통찰할 수 있도록 제자들을 이끌어 주신다는 것이다(요한 2,22; 12,16). 또 성령께서는 예수님의 실체를 더욱 깨닫게 해 주시고 그 일들이 제자들에게 예수님과의 관계에서 어떠한 의미를 지니는지 깨닫게 해 주신다. 이렇게 하여 성령께서 그들에게 모든 것을 가르쳐 주시는 것이다(15,26; 16,13-15 참조).

스승님과 제자들 사이의
긴 대화 둘째 부분

09

고별담화 둘째 부분은 크게 세 단락, 곧 '나는 참포도나무다'(15,1-17); '세상이 너희를 미워할 것이다'(15,18-16,4); '성령께서 하시는 일'(16,5-15) 로 구성되어 있다. 그 가운데 첫째 단락은 '요한복음 신학&영성 3' 『나다』에서 다루고 여기서는 둘째 및 셋째 단락의 내용을 다룬다.

세상이 너희를 미워할 것이다(15,18-16,4)

> "사람들이 너희를 회당에서 내쫓을 것이다. 게다가 너희를 죽이는 자마다 하느님께 봉사한다고 생각할 때가 온다."(16,2)

바로 앞의 단락에서 '포도나무와 가지'(15,1-17)라는 표상이 상징하듯, 포도나무(예수님)와 가지(제자)들은 사활이 걸릴 만큼 숙명적인 관계를 맺고 있다. 세상 사람들의 행동이 진정으로 악하다는 것이 예수님의 활동으로 드러나기 때문에(요한 3,20-21), 그분의 활동은 세상의 미움을 불러일으킬 수밖에 없다. 예수님께서는 세상이 당신을 미워하고 박해

"너희가 세상에 속하지 않을 뿐만 아니라
내가 너희를 세상에서 뽑았기 때문에, 세상이 너희를 미워하는 것이다."(15,19)

한다면, 당연히 제자들도 당신처럼 세상의 증오와 박해를 받게 될 것임을 미리 말씀하신다. "세상이 너희를 미워하거든 너희보다 먼저 나를 미워하였다는 것을 알아라. 너희가 세상에 속한다면 세상은 너희를 자기 사람으로 사랑할 것이다. 그러나 너희가 세상에 속하지 않을 뿐만 아니라 내가 너희를 세상에서 뽑았기 때문에, 세상이 너희를 미워하는 것이다."(15,18-19)

또한 제자들이 박해를 받는다는 사실은, 그들이 진정으로 예수님께 속한다는 표징이 될 것이며, 바로 이 순간 제자들은 예수님의 운명에 동참하게 된다. 그래서 제자들은 박해 때문에 낙담하는 것이 아니라 오히려 더욱 굳건해질 것이다(1테살 1,6; 1베드 4,12-19 참조).

이어서 예수님께서는 "사람들이 나를 박해하였으면 너희도 박해할 것이고, 내 말을 지켰으면 너희 말도 지킬 것이다. 그러나 그들은 내 이름 때문에 너희에게 그 모든 일을 저지를 것이다. 그들이 나를 보내신 분을 알지 못하기 때문이다."(15,20-21) 하고 말씀하신다. 제자들은 자기들을 뽑으신 예수님에게서 받은 사명을 그분과의 지속적인 관계 속에서 수행하기 때문에, 늘 예수님의 이름으로 말하고 행동하게 된다. 그래서 적대자들이 제자들을 박해하면서 목표로 삼는 대상은 결국 예수님 자신이 되는 것이다(마태 10,22; 마르 13,13; 루카 21,17; 사도 5,41; 묵시 2,3.13; 3,8 참조).

또한 예수님께서는 "나를 미워하는 자는 내 아버지까지 미워한다."(15,23) 하고 말씀하시면서, 당신(그분의 말씀과 행동)을 통하여 자신을 드러내시는 하느님을 거부하는 것이 곧 죄 그 자체임을 밝히신다 (8,21.24.34; 9,41; 16,9; 마태 12,31-32; 마르 3,28-29; 루카 12,10 참조). 제자들이 자기들의 삶으로 증언하는 예수님의 말씀은, 사람들과 이 세상이 실제로 하느님 앞에 선 존재라는 사실을 드러낸다(3,21; 16,5-11 참조). 예수님에 대한 불신은 증오로 이어지고, 또 증오로 자신을 드러내게 된다. 이와 같이 세상과 하느님(과 제자들)의 적대적 대립이 구원 역사의 근본적인 한 면을 이룬다.

하지만 예수님께서는 제자들에게 "내가 아버지에게서 너희에게로 보낼 보호자, 곧 아버지에게서 나오시는 진리의 영이 오시면, 그분께서 나를 증언하실 것이다. 그리고 너희도 처음부터 나와 함께 있었으므로 나를 증언할 것이다."(15,26-27) 하고 말씀하시며 보호자이신 '진리의 영'의 도움을 받아 그들이 당신을 증언할 것임을 알려주신다. 아버지에게서 나오시는 성령은 영광스럽게 되신 그리스도와 밀접히 관련되시는데, 바로 그리스도께서 이 성령을 세상에 보내시는 것이다(14,15-17.25-26; 16,5-15; 1요한 3,24; 4,13; 티토 3,6 참조). 먼저 이 성령께서 제자들 앞에서, 그리고 그들을 통하여 세상에 예수님을 증언하시고(16,5-15), 예수님께서 활동을 시작하신 이래 그분과 함께 생활하면서 그분의 삶과 생명에 동참한 제자들도 증언하게 될 것이다. 이때 '진리의 영'께서는 제자들에게 그리스도에 대한 깊은 이해를 보장해 주시고 그들의 설교에 참된 힘과 진리를 부여하실 것이다(사도 5,32 참조).

또한 예수님께서는 제자들에 대한 자상한 염려와 함께 왜 이러한 당부 말씀을 하시는지도 알려주신다. "내가 너희에게 이 말을 한 이유는 너희가 떨어져 나가지 않게 하려는 것이다."(16,1) '떨어져 나가지'로 옮긴 단어를 직역하면 '걸려 넘어지지'(마태 5,29; 마르 6,3)인데, 바로 이 동사에서 '스캔들'이라는 말이 나온다. 이 낱말은 본디 덫이나 올가미, 넓은 의미로는 길 위에 놓여 있어서 사람들을 걸려 넘어지게 하는 모든 것을 가리킨다. 성경에서는 특히 믿음이 시련을 겪게 하거나 또 사람들이 믿음을 버리게 만드는 것들을 의미한다. 세상의 미움은 예수님과 제자들에게 여러 어려움을 가져오는데, 근본적으로 제자들의 믿음이 가혹한 시련을 겪게 만든다. 예수님의 말씀은 이러한 '스캔들'이 하느님의 구원 계획 안에서 지니는 참 의미를 미리 밝히고, 그럼으로써 그러한 시련을 잘 극복하게 해 줄 것이라는 말씀이다.

이어지는 예수님의 말씀에는 제자들이 겪게 될 시련과 박해가 암시된다. "사람들이 너희를 회당에서 내쫓을 것이다. 게다가 너희를 죽이는 자마다 하느님께 봉사한다고 생각할 때가 온다."(16,2) 예수님 시대에 유다교에서는 특정 범죄자들을 회당, 곧 자기들의 교회 공동체에서 추방하는 조처를 취하였다. 요한복음이 저술되던 1세기 말경에는 그리스도를 믿는 유다인들을 본격적으로 파문시켰다. '회당(공동체)에서 내쫓기는 벌'은 가장 가혹한 것이었는데, 이 구절에서는 요한이 자기 시대의 그러한 조처를 예수님 시대로 투영시키는 것일 수 있다(12,42; 16,2). 그런데 요한의 독자들 가운데에는 이스라엘 공동체에서 파문 당하는 한이 있더라도 서슴지 않고 예수님에 대한 믿음을 공공연하게 고백하여, 그렇게 파문을 당한 이들이 틀림없이 있었을 것이다.

또한 예수님께서는 "게다가 너희를 죽이는 자마다 하느님께 봉사한다고 생각할 때가 온다. 그들은 아버지도 나도 알지 못하기 때문에 그러한 짓을 할 것이다."(16,3)라고 말씀하신다. 실제로 '열혈당원'들로부터 유래하는 것으로 보이는 전승에 따르면, '악인(곧 하느님을 부정하는 자)의 피를 쏟는 이는 희생 제물을 바치는 이와 비슷하다.'라는 말까지 있었다. 이런 식으로 박해는 종종 마녀사냥처럼 신 또는 하느님의 이름으로 자행되기도 한 것이 역사의 한 단면이기도 하였다.

이어서 예수님께서는 "내가 너희에게 이 말을 한 이유는, 그들의 때가 오면 내가 너희에게 한 말을 기억하게 하려는 것이다."(16,4) 하고 말씀하신다. 앞에서 언급한 것처럼, 요한이 복음서를 저술할 때에는 그리스도교가 박해를 받던 때였다. 그래서 요한은 독자들이 잘 알고 있는 사건들을 여기에서 시사하는 것으로 보인다(9,22; 12,42). 이제 제자들은 박해를 받을 때 예수님의 이 말씀과 자기들의 구체적인 상황을 대비시키면서 새로운 현실 인식에 이르게 될 것이다.

보호자 성령께서 하시는 일(16,5-15)

> "그러나 그분 곧 진리의 영께서 오시면 너희를 모든 진리 안으로 이끌어 주실 것이다."(16,12)

앞에서 설명한 내용을 간결하게 요약한다면, 요한복음 사가는 믿는 이들이 자기가 전하는 복음의 의미를 제대로 파악하고 더 잘 깨달아 영원한 생명에 이를 수 있도록 도와주기 위하여, 사건을 일어난 그대로 전하는 것만으로는 충분하지 않다고 생각하며 그 사건의 의미까지 밝혀주려고 하였다(9,1-41 참조). 따라서 요한이 표징들을 이야기하는 목적은, "예수님께서 메시아시며 하느님의 아드님이심을 여러분이 믿고, 또 그렇게 믿어서 그분의 이름으로 생명을 얻게 하려는 것이다"(20,31). 그리고 그는 이러한 점진적 의미를 파스카 신비에 따라 이해할 수밖에 없다고 생각하여, 예수님의 생애는 물론 그분의 아주 하찮은 행동이라도, 그리스도께서 십자가를 통하여 충만한 영광 속으로 건너가셔야 비로소 그 깊은 뜻이 드러나게 된다고 주장한다. 그렇게 되려면, 파스카의 '결실'이라고 할 수 있는(7,39; 16,7; 20,22) 진리의 성령께서도 내려오셔야 한다. 그는 이 성령께서 믿는 이들이 모든 진리를 깨닫도록, 곧 사람이 되신 하느님의 아들 예수님의 실체와 행적을 이루는 모든 요소를 이해하도록 이끌어 주실 것이라는 점(16,5-15)을 역설한다. 이와 같이 성령께서는 제자들이 '기억개선(記憶改善)'*을 통하여 예수님 당시에는 미처 깨닫지 못하였던 예수님의 역사를 충분히 이해하고 그분의 역사를 제대로 복원하며 이를 삶의 지표로 삼을 수 있도록 도와주실 것이다(2,21-22; 12,16; 14,26; 15,26-27).

이 단락은 예수님께서 떠나가신 다음의 일들을 근심하는 제자들에게 위로의 말씀을 하시며 시작한다. "이제 나는 나를 보내신 분께 간다. 그런데도 '어디로 가십니까?' 하고 묻는 사람이 너희 가운데 아무도 없다. 오히려 내가 이 말을 하였기 때문에 너희 마음에 근심이 가득 찼다. 그러나 너희에게 진실을 말하는데, 내가 떠나는 것이 너희에게 이롭다. 내가 떠나지 않으면 보호자께서 너희에게 오지 않으신다. 그러나 내가 가면 그분을 너희에게 보내겠다. 보호자께서 오시면 죄와 의로움과 심판에 관한 세상의 그릇된 생각을 밝히실 것이다."(16,5-8)

그런데 이에 앞서 예수님께서는 "내 아버지의 집에는 거처할 곳이 많다. 그렇지 않으면 내가 너희를 위하여 자리를 마련하러 간다고 말하였겠느냐? 내가 가서 너희를 위하여 자리를 마련하면, 다시 와서 너희를 데려다가 내가 있는 곳에 너희도 같이 있게 하겠다."(14,2-3) 하고 말씀하시며, 제자들에게 당신의 떠나가심의 의미를 이미 알려주셨다. 십자가 죽음을 통하여 하느님 아버지의 뜻에 순종하신 예수님께서는

---

* 일반적으로 사건 또는 학습 직후에 가장 많이 기억하고 시간이 흐름에 따라 잊게 되기 때문에, 보거나 들은 것을 나중에 상기하는 일이 어렵게 된다. 그러나 반대로 '기억개선 (reminiscence)'은, 시간이 어느 정도 흐른 뒤에야 더 뚜렷이 생각나는 현상을 가리키는 심리학 용어다.

하느님의 영광 속에 들어가시어 그분과 일치하며 새로운 생명을 누리시게 되었는데, 당신을 믿는 이들도 이 영광과 생명에 참여하게 하고, 또한 이를 보장하기 위하여 가신다는 것이다.

한편 루카는 예수님께서 제자들 앞에서 영광스럽게 변모하셨을 때(루카 9,28-36) 영광에 싸여 나타난 모세와 엘리야가 예수님과 함께 "예수님께서 예루살렘에서 이루실 일, 곧 세상을 떠나실 일"(9,31)에 대하여 이야기를 나누었다고 전한다. 여기서 '세상을 떠나실 일'에 해당하는 그리스말은 'ἔξοδος, 엑소도스'로서, 이 낱말은 이스라엘인들의 이집트 탈출을 가리킬 때에도 사용되었다. 이에 관한 내용을 전하는 성경 이름 자체가 바로 엑소도스, 곧 '탈출(기)'이다. 이와 같이 예수님께서는 당신의 십자가 죽음으로 세상을 떠나시고 부활하시고 승천하심으로써 새로운 '탈출'을 실현시키는 분이며, 이를 통하여 당신을 믿는 이들이 당신과 더불어 하느님께 다가갈 수 있는 길을 열어 주실 것이라는 의미가 함축되어있다.

요한복음 16장에서는 예수님께서 제자들 곁을 떠나시는데, 그렇게 떠나가시는 것이 그들에게 이롭다는 말씀을 들으면서도 근심에 겨운 나머지 다른 생각을 할 겨를조차 없을 뿐 아니라 왜 떠나셔야 하는지 여쭤보지도 못하는 제자들에게 오히려 예수님께서 그 이유를 밝혀주신다. 예수님께서 떠나가셔야, 즉 십자가 위에서 영광스럽게 되셔야, 당신께서 다시 오실 수 있고 보호자 성령을 통하여 제자들과 함께 계실 수 있으며, 또 그래야 제자들에게 생명을 주실 수 있다는 말씀이다. 예수님께서 단죄되시고 수치스러운 십자가형을 받으셨는데, 이것은 마치 그분이 죄악을 저질러 세상이 정당한 권리를 행사한 것처럼 보일 수도 있었다. 그러나 이제 성령께서 개입하심으로써(15,26) 상황이 완전히 뒤바뀌게 된다. 곧 성령께서는, 예수님께서 죽음을 통하여 성부에게서 영광스럽게 되셨다는 사실을 드러내심으로써, 예수님께서 옳으셨음을 입증하시고 세상의 죄악, 또 세상을 다스리는 자가 받게 되는 단죄를 명백히 밝히실 것이다. 또한 예수님의 승리는 필연적으로, 그때까지 세상을 지배해 온 자가 완전히 패배하고 단죄를 받았다는 사실을 내포한다. 이와 같이 예수님께서 십자가를 통하여 성부께로 건너가심(13,1; 14,2-3; 20,17)은 그분의 무죄와 의로움(8,46 참조), 그리고 그분의 가르침이 진실됨을 결정적으로 증명해 주는 것이다.

"내가 너희에게 할 말이 아직도 많지만 너희가 지금은 그것을 감당하지 못한다. 그러나 그분 곧 진리의 영께서 오시면 너희를 모든 진리 안으로 이끌어 주실 것이다."(16,12) 예수님께서는 제자들에게 모든 것을 계시해 주셨다(15,15). 또한 제자들은 예수님이 돌아가실 때까지 그분을 직접 '봄'으로써, 다른 사람들이 누리지 못하는 혜택을 입어 왔다(7,34; 13,33; 14,19; 16,16.17.19). 그러나 앞으로는 성령께서 그들과 함께 계시면서 예수님께서 하신 말씀의 빛에 따라, 닥쳐오는 모든 어려움 속에서 그들을 인도해 주실 것이다. 이는 무엇보다도 먼저, 진리의 영이신 성령이 내리시면 제자들이 예수님의 죽음과 영광을 이해하고 또 그것에 동참하리라는 말씀이다(13,7.33 참조).

그뿐 아니라 예수님께서는 "그분께서는 스스로 이야기하지 않으시고 들으시는 것만 이야기하시며, 또 앞으로 올 일들을 너희에게 알려 주실 것이다. 그분께서 나를 영광스럽게 하실 것이다. 나에게서 받아 너희에게 알려 주실 것이기 때문이다."(16,13-14) 하고 말씀하시면서

"너희는 세상에서 고난을 겪을 것이다.
그러나 용기를 내어라. 내가 세상을 이겼다."(16,33)

성령께서 하시는 일은, 강생하신 성자에게서 완전히 드러나는 진리를
온전히 이해할 수 있도록 제자들을 이끌어 주시는 것이라는 점을 설명
하신다. 이것은 그리스도께서 당신을 보내신 성부를 끊임없이 드러내
시듯(5,19-20; 7,17-18; 8,28; 12,49; 14,10), 이제 성령께서도 그렇게 성자
를 드러내실 것이기 때문에, 예수 그리스도 안에서 주어진 것 이외의

새로운 계시는 없게 된다는 말씀이기도 하다. 이와 같이 성령께서 하시는 일은, 그리스도에게서 드러난 현실을 깨닫도록 제자들을 인도하심과 동시에 성부를 영광스럽게 하시는, 곧 성부를 이 세상에 드러내시는 그리스도의 일을 완수하시어 그리스도를 영광스럽게 하시는 것이다. 이로써 성부와 성자와 성령께서 가르쳐 주시는 계시의 통일성이 드러나게 된다.

고별담화 끝맺음 부분: 대사제 예수님의 기도 10

요한복음 사가는 예수님께서 일으키신 많은 표징과 많은 말씀을 중심으로 그분의 생애 전체를 고찰하면서, 그것이 시간 속에 펼쳐지는 사실에 큰 중요성을 부여하였다. 그래서 이 복음서에서는 '시간'이라는 주제가 중요성을 띤다. 또한 수난과 부활로 정점에 이르는 예수님 생애의 제반 사건을 통해 하느님께서 당신 자신을 영광스럽게 이 세상에 드러내는 일이 이루어지므로 '영광'이라는 주제도 중요하게 다루어진다.

그러나 이러한 계시는, 세상이 그것을 문제 삼기 때문에 세상에 그대로 주어지지 못한다. 믿는 이들은 새 생명으로 태어나게 되지만, 세상은 자기 안에 계시는 더없이 위대하신 분을 받아들이기를 거부하기 때문에, 요한복음은 예수님의 수난과 부활로 끝나는 대립을 상기시킨다. 세상은 자기가 철저히 왜곡한 분을 눌러 승리하였다고 생각한 바로 그 '시간'에, 곧 그분을 십자가에 매단 그 '때'에, 자기가 거꾸로 심판을 받고 단죄를 받게 되는데, 이러한 사실이 예수님의 수난사에서 극명하게 발견된다. 이러한 현실은 이미 요한복음 앞부분에서부터 이 부분까지 지속적으로 확인된다.

"너희 마음이 산란해지는 일이 없도록 하여라.
하느님을 믿고 또 나를 믿어라."(14,1)

요한복음 사가는 최후만찬(13,1-20)으로 시작하여 스승이신 예수님과 제자들 사이의 긴 대화(고별담화: 13,31-16,33)를 마무리하는 자리에, 수난을 목전에 두신 예수님께서 고별에 앞서 올리신 당신 자신을 위한 기도(17,1-5), 제자들을 위한 기도(17,6-19), 제자들의 증언을 듣고 믿는 이들을 위한 기도(17,20-26)를 배치하였다.

고별담화를 끝맺는 이 부분을 세 단락, 곧 당신 자신을 위하여 기도하시다(17,1-5); 제자들을 위하여 기도하시다(17,6-19); 믿는 이들을 위하여 기도하시다(17,20-26)로 나누어 살펴본다.

예수님께서 당신 자신을 위하여 기도하시다(17,1-5)

제자들과 긴 고별담화를 마무리하시며 예수님께서는 당신의 전존재를 담아 하늘에 계신 성부를 향하여 당신 자신을 위한 기도를 시작하신다. "아버지, 때가 왔습니다. 아들이 아버지를 영광스럽게 하도록 아버지의 아들을 영광스럽게 해 주십시오."(1절)

유다인들의 희망은, 종말에 하느님께서 결정적으로 개입하시는 '때'를 지향하고 있었는데(다니 8,17-19; 11,35.40.45; 마태 24,36.44.50), 앞에서 우리는 성부께서 지정하신 바로 이때가 늘 예수님 활동의 배경을 이루고 있음을 살펴보았다(2,4; 5,25; 7,6.30; 8,20; 11,9). 예수님께서는 그 때와 그 시각을 잘 아시고 스스로 그 시각을 향하여 나아가셨다(12,23.27). 분명 이때는 사람의 아들이 영광스럽게 되시는 순간이지만(마태 19,28; 25,31; 마르 8,38; 13,26; 로마 8,18 참조), 이 영광은 십자가라는 굴욕과 겸손의 한가운데에서, 완전한 순종과 사랑으로 이루어진다. 이

"아버지, 때가 왔습니다.
아들이 아버지를 영광스럽게 하도록
아버지의 아들을 영광스럽게 해 주십시오."(17,1)

렇게 하여 그리스도께서 성부를 영광스럽게 하시는 것이다. 사실 십자
가의 죽음의 '때'는 성자께서 창조 이전부터 누리시던 영광 속으로 다
시 올라가시는 것이기에, 이와 같이 예수님의 영광과 아버지의 영광은
서로 다른 것이 아니다.

　예수님께서는 당신의 영광에, 당신이 누리시는 새로운 상황, 곧 영
원한 생명에 모든 사람을 동참시키시는 권한도 포함된다는 점을 강
조하시며 "아버지께서는 아들이 아버지께서 주신 모든 이에게 영원
한 생명을 주도록 아들에게 모든 사람에 대한 권한을 주셨습니다. 영
원한 생명이란 홀로 참하느님이신 아버지를 알고 아버지께서 보내신

예수 그리스도를 아는 것입니다."(2-3절) 하고 기도하신다. '아버지께서 보내신'이라는 문장에 사용된 '보내다'라는 동사에서, 특수 사명을 띠고 파견된 이라는 뜻의 '사도(또는 사자)'라는 명사가 나온다(마태 10,5.16.40; 15,24 참조). 유다교에도 공식적인 사자들이 있었는데, 이들에게는 '파견된 이는 파견한 이와 동등하다.'라는 원칙이 통용되었다. 예수님께서는 "그제야 예수님께서 '나는 오직 이스라엘 집안의 길 잃은 양들에게 파견되었을 뿐이다.' 하고 대답하셨다."(마태 15,24)에서와 특히 요한복음서에서 당신 자신을 하느님 아버지에게서 보내심을 받은 이로 말씀하신다(요한 3,17.34; 5,36-37; 17,3.18 등).

여기서 '영원한 생명'이란 하느님 아버지를 직접 아는 것으로 실현되고, 아버지를 아는 것은 한 분뿐이신 그분을 지고한 방식으로 계시하시는 그리스도를 앎으로써만 가능하다(4,14.36; 6,27; 12,25; 1요한 3,1-2; 5,13.20). 이러한 영생은 인간의 노력으로 얻을 수 있는 것이 아니고, 하느님께서 무상으로 주시는 선물로만 받을 수 있다(3,35; 5,19-30; 6,42-44; 13,3).

예수님께서 제자들을 위하여 기도하시다(17,6-19)

'생명의 빵'(6,22-71) 담화에서 예수님께서는, 당신께 오는 이들은 사실 하느님 아버지께서 당신께 주신 이들이기 때문에, 당신이 이들을 받아들이고 보호하신다는 의미에서 "아버지께서 나에게 주시는 사람은 모두 나에게 올 것이고, 나에게 오는 사람을 나는 물리치지 않을 것이다."(6,37) 하고 말씀하셨다. 이 단락에서 요한은 다시 한 번, 하느님의 은혜는 거저 주어지는 것이며 인간적인 그 어떠한 것으로도 제어할 수 없이 지고한 것임을 강조한다.

당신 자신을 위하여 기도하신 예수님께서 이제 제자들을 위한 기도(6-19절)를 시작하신다. "아버지께서 세상에서 뽑으시어 저에게 주신 이 사람들에게 저는 아버지의 이름을 드러냈습니다. 이들은 아버지의 사람들이었는데 아버지께서 저에게 주셨습니다. 그래서 이들은 아버지의 말씀을 지켰습니다."(6절) 그런데 사람은 예수님에게서 이루어

"거룩하신 아버지,
아버지께서 저에게 주신 이름으로 이들을 지키시어,
이들도 우리처럼 하나가 되게 해 주십시오."(17,11)

지는 계시를 자기 능력으로 깨닫지 못한다. 이를 위해서는 먼저 하느님께 속해야 하고(6,37.39.44; 10,29; 17,2.9.12.24 참조), 더불어 하느님의 말씀, 곧 진리를 위한 철저한 봉사가 병행되어야 한다(1,47; 3,21; 7,17; 18,37 참조).

　세상에 남아있을 제자들을 위하여 예수님께서는 "저는 이들을 위하여 빕니다. 세상을 위해서가 아니라 아버지께서 저에게 주신 이들을 위하여 빕니다. 이들은 아버지의 사람들이기 때문입니다. 저의 것은 다 아버지의 것이고 아버지의 것은 제 것입니다. 이 사람들을 통하여 제가 영광스럽게 되었습니다."(9-10절) 하고 기도하신다. 여기서 '세상(그리스말 κόσμος, 코스모스)'은 우선 그리스인들에게는 일차적으로 우주를 가리킨다. 요한복음에서는 대부분 사람들을 지칭하는데, 여기서는 저희끼리만 만족해하면서 하느님을 받아들이기를 거부하는 사람들 전체를 가리킨다. 이러한 세상은 하느님께서 베푸시는 사랑의 대상이 될 수도 있지만(3,16), 동시에 하느님과 그분의 계시를 조직적으로 배척하는 주체가 될 수도 있다. 그래서 예수님의 이 기도는 먼저 제자들, 곧 당신 말씀을 중심으로 공동체를 이루도록 세상에서 뽑으신 제자들에게만 해당된다. 또한 예수님께서 이 세상에 가져오신 영적 은총들은 그분께서 성부와 이루시는 일치를 드러내는데, 그럼으로써 예수님께서 영광스럽게 되신다. 참 '영광'은 어떤 큰 힘이 아니라, 성부와 성자 사이에 이루어지는 사랑의 일치가 나타나는 것이므로, 제자들은 이 일치에 동참하면서 또 그것을 증언하게 된다.

　이어서 예수님께서는 아버지를 '거룩하신 하느님'으로 부르시며 아버지께서 주신 이들을 지켜주시고 아울러 진리로 거룩하게 하시며 하나 되게 해주시기를 기도하신다. "저는 더 이상 세상에 있지 않지만 이들은 세상에 있습니다. 저는 아버지께 갑니다. 거룩하신 아버지, 아버지께서 저에게 주신 이름으로 이들을 지키시어, 이들도 우리처럼 하나가 되게 해 주십시오."(11절) 특히 성부의 성성(聖性)은 예수님의 거룩함이고, 아울러 다음에 언급되는(17절과 19절) 제자들의 거룩함의 바탕이 된다(레위 11,44; 19,2; 1베드 1,16 참조)는 점에서 이제 예수님의 이 기도는 정점에 도달한다. 예수님의 이 간청은 일찍부터 그리스도교 전례에 사용되었다. 제자들 역시 성부의 이름을 드러내시는 분을 받아들임으로써, 이 세상의 어떠한 힘도 떼어 놓을 수 없을 정도로 강하게 성부와 일치를 이룰 수 있게 되는데, 제자들이 서로 사랑으로 하나가 되는 것은 성부와 성자께서 하나가 되시는 일치의 결과이다(21-23절 참조).

"이제 저는 아버지께 갑니다. 제가 세상에 있으면서 이런 말씀을 드리는 이유는, 이들이 속으로 저의 기쁨을 충만히 누리게 하려는 것입니다."(13절)라는 예수님의 기도는, 세상에 속하지 않는 제자들과 신자들의 공동체는 당신이 늘 그 안에 현존하시고 또 성령께서 빛을 비추고 지탱해 주실 것이므로, 지금까지 당신 말씀을 들음으로써 우러나오던 큰 기쁨이, 당신이 수난을 받으시고 성부께 건너가신다 해도 아무런 위협을 받지 않을 것이라는 뜻으로 이해된다.

또한 "저는 이들에게 아버지의 말씀을 주었는데, 세상은 이들을 미워하였습니다. 제가 세상에 속하지 않은 것처럼 이들도 세상에 속하지 않기 때문입니다."(14절)에 담긴 의미는, 제자들의 공동체가 그리스도께서 심판자로 다시 오실 것을 수동적이고 소극적으로 기다릴 것이 아니라 적극적으로 사명을 수행하여 하느님께서 마련하신 종말의 세계를 사람들에게 드러내 보여야 한다는 것이다. 이러한 사명을 수행하기 위해서는 필연적으로 악과 증오의 힘과 대결해야 하지만, 제자들은 성부의 도움을 통해서 이를 극복할 수 있다는 말씀도 기억해야 한다(15,19-16,4 참조).

제자들을 위한 기도는 "이들을 진리로 거룩하게 해 주십시오. 아버지의 말씀이 진리입니다. 아버지께서 저를 세상에 보내신 것처럼 저도 이들을 세상에 보냈습니다."(17-18절)라는 말씀으로 마무리된다. 여기서 '거룩하게 하다'로 옮긴 그리스말은 '성별하다', '(하느님께) 봉헌하다'라는 뜻도 가지는데, 이는 어떤 물건이나 사람을 세속적 영역에서 분리하여 하느님의 영역으로 들어가게 함을 의미한다. 그렇게 되면 그 물건이나 사람은 세속적 용도로 쓰이지 못하고 온전히 하느님만의 것이 된다. 이러한 성화(聖化)는 거룩하신 하느님께서 하시는 일이다(11절 참조). 사실 하느님에게서 파견된 이는 선택을 받거나 성별된 사람으로서, 하느님의 거룩함에 특권적으로 동참하게 된다(6,69; 17,17-19 참조). '아버지께서 거룩하게 하시다.'라는 표현은 바로 이러한 사실에서 비롯된다. 특히 "아버지의 말씀이 진리입니다." 하고 말씀하신 예수님께서는, 제자들이 믿음으로 받아들이고 따르는 강생하신 '말씀' 안에서 드러나는 하느님의 진리가 그들을 거룩하게 하는 도구 역할을 하였음을 강조하신다. 또한 예수님께서는 아버지께서 당신을 세상에 보내신 것처럼 당신도 제자들을 세상에 보내셨는데, 아버지께서 성화-성별하신 제자들이 진리를 증언하면서 사명을 수행할 수 있도록 성령께서 이끌어 주셨음을 고백하신다(15,26-27; 20,21-22 참조).

그런데 자신을 성화한 사람의 특징, 곧 자신을 하느님께 봉헌한다는 것은 한 사람의 존재와 삶 전체를 포괄하기 때문에, 거기에는 죽음을 통하여 자신을 바치는 것도 포함된다. 예수님께서 제자들을 위하여 돌아가심으로써 당신 자신을 하느님께 봉헌한다는 의미에서의 이러한 희생 제사가, 이제 곧 십자가가 등장하는 문맥과 또 '이들을 위하여'라는 표현이 담긴 "저는 이들을 위하여 저 자신을 거룩하게 합니다. 이들도 진리로 거룩해지게 하려는 것입니다."(19절)라는 말씀으로 강조된다. 예수님께서는 이러한 말씀으로, 제자들의 성화와 봉헌을 위하여[1] 당신의 생명을 기꺼이 내놓으신다는 의지를 표현하신다(10,18; 15,13).[2] 그리고 제자들의 이 성화와 봉헌은 결국, 예수님께서 십자가 위에서 당신을 희생하시고, 영광 속에 계신 그리스도께서 성령을 보내심으로써 이루어진다.

예수님께서 믿는 이들을 위하여 기도하시다(17,20-26)

요한복음에는 복음서 전체를 관통하며 드러나는 함축적인 관점이 있다. 예수님께서는 바로 그 시각에서 당신 사명 수행의 협조자로 부르신 이들만이 아니라, 이들의 설교를 통하여 장차 모든 시대와 모든 장소에서 믿는 이들의 공동체, 곧 교회를 이룰 사람들까지 기억하신다

---

1. "나는 하늘에서 내려온 살아 있는 빵이다. 누구든지 이 빵을 먹으면 영원히 살 것이다. 내가 줄 빵은 세상에 생명을 주는 나의 살이다."(6,51)
2. "아무도 나에게서 목숨을 빼앗지 못한다. 내가 스스로 그것을 내놓는 것이다. 나는 목숨을 내놓을 권한도 있고 그것을 다시 얻을 권한도 있다. 이것이 내가 내 아버지에게서 받은 명령이다."(10,18); "친구들을 위하여 목숨을 내놓는 것보다 더 큰 사랑은 없다."(15,13)

(4,35-42; 10,16; 11,52; 12,20.32; 17,2 참조). 당신을 따름으로써, 믿는 이들도 성부와 성자를 하나로 묶는 사랑의 일치에 동참할 수 있도록(5,19-20; 10,15.30; 1요한 1,3) 예수님께서는 "저는 이들만이 아니라 이들의 말을 듣고 저를 믿는 이들을 위해서도 빕니다. 그들이 모두 하나가 되게 해 주십시오. 아버지, 아버지께서 제 안에 계시고 제가 아버지 안에 있듯이, 그들도 우리 안에 있게 해 주십시오. 그리하여 아버지께서 저를 보내셨다는 것을 세상이 믿게 하십시오."(20-21절) 하고 기도하신다. 이와 같이 아버지와 아들 안에 머물면서 아버지와 아들이 하나이듯 믿

"저는 이들만이 아니라 이들의 말을 듣고
저를 믿는 이들을 위해서도 빕니다.
그들이 모두 하나가 되게 해 주십시오."(17,20)

는 이들도 하나가 되어 아버지의 사랑을 증언함으로써, 세상에 대한 하느님의 구원과 예수님께서 수행하신 사명의 진실성을 나타내는 표징 그 자체가 되는 것이다.

이어서 예수님께서는 "아버지께서 저에게 주신 영광을 저도 그들에게 주었습니다. 우리가 하나인 것처럼 그들도 하나가 되게 하려는 것입니다."(22절) 하고 기도하신다. 곧 그리스도께서 십자가를 통하여 성부에게서 받으시는 영광(1-5절)은, 그분께서 성부와 이루시는 일치가 사람들에게 드러나는 것을 의미한다. 이러한 사실을 깨닫는 신앙인들은 또 그들대로 그리스도의 영광에 동참하면서 그것을 세상에 드러내게 되는데, 이렇게 그리스도의 영광을 드러내는 일은 서로 사랑하며 이루는 일치로 구현된다는 점이 강조된다.

또한 "아버지, 아버지께서 저에게 주신 이들도 제가 있는 곳에 저와 함께 있게 되기를 바랍니다. 세상 창조 이전부터 아버지께서 저를 사랑하시어 저에게 주신 영광을 그들도 보게 되기를 바랍니다."(24절) 하신 예수님의 기도 안에서, 믿는 이들이 예수님과 함께 있다는 사실은 주님이신 그분의 상황에, 곧 수난으로 당신 자신을 끝까지 비우고 낮추시는 순종(13,33.36), 그리고 죽음과 부활로 영광 속에 들어 높여지심에 동참함을 의미한다는 점을 깨닫게 된다(12,26; 14,3). 여기서 세상 창조 이전부터 성자께서 누리시던 영광을 본다는 것은, 성부와 성자를 일치시키는 사랑에 동참하여 그 사랑을 깨닫는 것을 의미하는데, 이것이 바로 인간 전존재의 바탕이고 이유이기도 하다.

예수님의 수난사: **예수님께서 어머니를 사랑하는 제자에게 맡기시고 숨을 거두시다** | 11

"여인이시여, 이 사람이 어머니의 아들입니다.";

"이분이 네 어머니시다."(19,26-27)

『주석성경』에 따르면, 요한복음 사가가 전하는 예수님의 수난사화 (18,1-19,42)는 예수님께서 잡히시다(18,1-11); 한나스의 신문과 베드로의 부인(18,12-27); 빌라도에게 신문을 받으시다(18,28-19,16ㄱ); 십자가에 못 박히시다(19,16ㄴ-27); 숨을 거두시다(19,28-30); 군사들이 예수님의 옆구리를 창으로 찌르다(19,31-37); 묻히시다(19,38-42)라는 내용으로 전개된다. 공관복음의 수난사화 순서와 내용 면에서 거의 일치하지만 차이점도 있는데, 그것은 요한복음이 예수님의 수난과 십자가 죽음을 영광과 승리의 '때'로 보고 있다는 점이다.

그런데 예수님께서 활동하시는 여러 단계와 때는 그분을 보내신 성부께서 이미 확정해 놓으신 것이다. 특히 결정적 행동을 하시기에 알맞은 시기로서, 예수님께서 당신의 '때'라고 부르시는 시점은 더욱 그러하다(2,4; 5,25.28; 7,30; 8,20; 12,23.27; 13,1; 17,1). 그래서 요한복음은 예

"예수님의 십자가 곁에는 그분의 어머니와 이모,
클로파스의 아내 마리아와 마리아 막달레나가 서 있었다."(19,25)

수님께서 바로 이 결정적인 '때'를 위하여 강생하시어, 성부의 뜻에 따라 스스로 주도권을 가지시고 이 '때'를 자유롭게 받아들이셨다는 사실을 강조한다. 예를 들면, "예수님께서는 몸소 십자가를 지시고 '해골터(히브리말로 골고타)'라는 곳으로 나가셨다."(19,17)라는 기록에서도 보듯이, 예수님께서는 누구의 도움도 받지 않으시고 당신 홀로 모든 것을 받아들이셨다.

요한복음의 수난사화에서 우리는 십자가에 못 박히신 예수님께서 숨을 거두시다(19,25-30)라는 단락과 군사들이 예수님의 옆구리를 창으로 찌르고 숨을 거두신 예수님께서 무덤에 묻히신 사실을 전하는 단락(19,31-37)을 중심으로 살펴본다.

예수님께서 당신의 어머니를 사랑하는 제자에게 맡기시는 내용은 공관복음에는 나타나지 않고 요한복음에서만 발견되는 고유한 부분이다. 이 단락은 "예수님의 십자가 곁에는 그분의 어머니와 이모, 클로파스의 아내 마리아와 마리아 막달레나가 서 있었다."(25절)라는 말씀으로 시작된다. 공관복음서에서도 여자들이 골고타에 십자가에서 멀리 떨어져 서 있었다고 전하며, 그 여자들 가운데 마리아 막달레나도 있었다고 하지만(마태 27,55-56; 마르 15,40; 루카 23,49), 요한복음 사가는 구체적으로 이들 셋 또는 네 여자가 십자가 곁에 서 있었다고 전한다. 예수님의 특별한 사랑과 총애를 받으면서 그분의 뜻을 쉽게 간파할 수 있었던 '예수님께서 사랑하시는 제자'가 누구인지, 요한복음에서는 그 이름이 한 번도 직접 거명되지 않는다. 하지만 이 무명의 제자는 이 호칭으로 복음서에 여러 번, 그것도 중요한 일화에 자주 등장한다(19,26-

27; 20,2-10; 그리고 21,7.20도 참조).[1] 교회 전통에서는 대개의 경우 이 제자를 공관복음서에 나오는 요한과 동일시한다(마르 1,19.29; 3,17; 5,37; 9,2.38; 10,35.41; 13,3; 14,33; 사도 1,13; 3,1.3.4.11; 4,13.19; 8,14; 갈라 2,9). 그러나 이 제자는 여전히 수수께끼 같은 인물이다. 예수님께서 돌아가실 때에 제자들 가운데에 이 사람만 십자가 밑에 있었다고 전하는 이 단락에서처럼 신앙의 본보기로 나오는가 하면, 때로는 베드로와 함께 등장하는데 그 경쟁자처럼 보이기도 한다(20,2-10 참조). 이 사람이 복음서 저자가 구상해 낸 상징적 인물인지, 아니면 이 인물을 통하여 역사적으로 중요한 역할을 한 어떤 사람의 이야기를 하는 것인지 아직까지도 확실하지 않다. 한편 일부 학자들은 예수님의 이모와 클로파스의 아내 마리아를 동일 인물로 간주하기도 한다.

그런데 예수님께서 당신 어머니와 사랑하시는 제자에게 직접 말씀하시는 대화 내용은 요한복음에서만 소개된다. "예수님께서는 당신의 어머니와 그 곁에 선 사랑하시는 제자를 보시고, 어머니에게 말씀하셨다. '여인이시여, 이 사람이 어머니의 아들입니다.' 이어서 그 제자에게 '이분이 네 어머니시다.' 하고 말씀하셨다. 그때부터 그 제자가 그분을 자기 집에 모셨다."(26-27절) 이 대화에서 복음사가는 다른 여자들은 전혀 언급하지 않고, 예수님의 어머니 마리아와 그분께서 사랑하신 제자에 대해서만 이야기한다. 그런데 이렇게 당신의 어머니와 당신

---

1. "시몬 베드로와 또 다른 제자 하나가 예수님을 따라갔다. 그 제자는 대사제와 아는 사이여서, 예수님과 함께 대사제의 저택 안뜰에 들어갔다. 베드로는 대문 밖에 서 있었는데, 대사제와 아는 사이인 그 다른 제자가 나와서 문지기 하녀에게 말하여 베드로를 데리고 들어갔다."(18,15-16) 여기에 나오는 제자 역시 이 '예수님께서 사랑하시는 제자'일 가능성이 있다.

께서 사랑하시는 제자를 서로에게 맡기신 일은 여러 가지로 해석된다. 첫째, 예수님께서 마리아를 믿는 이들의 어머니로 삼으신다는 것으로 이해하여 가톨릭교회와 동방교회 전통에서는, 예수님께 사랑받은 제자가 신앙인들을 대표하고 마리아께서 바로 이들의 영적 어머니가 되신다고 설명한다. 이 경우에는 혈연이 아닌 예수님을 중심으로 하는 새로운 공동체가 형성되는 것이다. 둘째, 일부에서 생각하듯이 '예수님께서 사랑하시는' 이 제자가 개종한 이교인일 경우, 예수님께서 유다 출신 그리스도인들과 다른 민족 출신 그리스도인들을 화해시키신다는 것으로 이해한다. 셋째, 십자가 밑에서 체험되는 참 믿음은 이제 새로운 관계를 개시한다는 주장이다.[2]

요한복음은 예수님의 죽음(28-30절)을 극도로 절제하면서 간결하게 전한다. 하느님 아버지께서 맡기신 모든 일(4,34; 6,38; 13,1; 17,4)과 예수님의 사명 수행을 예고하는 성경 말씀을 다 완수하셨음을 아신 예수님께서, 성경 말씀이 이루어지게 하시려고 "목마르다."(28절) 하고 말씀하셨다. 그러자 사람들이 신포도주가 가득 담긴 그릇에 해면을 적셔 우슬초 가지에 꽂아 예수님의 입에 갖다대었다. 신 포도주를 드신 예수님께서는 "다 이루어졌다."(30절) 하고 말씀하신 다음 고개를 숙이시며 숨을 거두셨다. 곧 예수님께서는 십자가에 못 박히신 다음(25절), 큰 소리로 부르짖으시고(28절) 숨을 거두셨다고만 간결하게 기록한다(30절).

---

2. 그런데 카나의 혼인 잔치를 시작으로 십자가 죽음으로 당신 자신을 봉헌하시면서 공생활을 마감하시는 예수님과 함께하신 성모 마리아의 삶을 "성모님에게 있어 그리스도의 어머니가 되신 것보다 그리스도의 제자가 되신 것이 더 큰 영예이고 더 큰 행복입니다."(Sermo 25,7-8: PL 46,937-938)라는 한 문장으로 정리한 아우구스티노 성인의 말씀은 깊은 울림을 준다!

여기서 당신의 사명을 완수해가시면서 돌아가시는 순간까지 모든 것을 완벽히 주재하시는 예수님의 모습을 보여 주기 위하여(10,18 참조), '숙이다'라는 그리스말 능동태 동사를 사용하였다. 사실 '숨을 거두셨다'를 직역하면 '숨(또는 영)을 넘겨주셨다'인데, 이는 성부께 목숨을 돌려드리면서 평화로이 그분께 돌아가심을 뜻한다. 숨을 거두실 때 "다 이루어졌다." 하신 예수님의 말씀은, 예수님께서 당신 사명을 스스로 완수하셨다는 의미보다는 당신이 숨을 거두심으로써 하느님의 계획과 뜻이 다 성취되었다는 의미를 담고 있다. 그렇지만 예수님께서

"예수님께서는 신 포도주를 드신 다음에 말씀하셨다.
'다 이루어졌다.' 이어서 고개를 숙이시며 숨을 거두셨다."(19,30)

십자가 위에서 쓸쓸하게 숨을 거두시는 모습은 버림받은 의인의 주제를 다시 생각하게 하는 것도 사실이다. 콜로새서 신자들에게 보낸 서간에서 바오로는, 이렇게 예수님께서 이사 53장에 나오는 '주님의 종'처럼 아버지의 뜻에 순종하여 스스로 당신 자신을 낮추시고 돌아가시기까지 함으로써(콜로 2,6-8 참조) 하느님께서 그분을 들어 올리셨음을 찬가 형식으로 전한다(콜로 2,9-11 참조).

또한 정화능력이 있어서 여러 정결 예식에서 사용되던 '우슬초'(레위 14,4; 시편 51,9)에 대한 언급이 공관복음을 비롯하여 요한복음에 나오는 것을 참조할 때, 전례적 상징으로 예수님의 죽음을 파스카의 어린양과 연결시키려는 의도로 보인다. 앞에서 설명하였듯이, 요한복음에 따르면 '파스카'는 니산달 15일 금요일 저녁에 시작되었다. 따라서 '파스카 축제가 시작되기 전'(13,1)이라는 표현에 의하면, 예수님께서 파스카 전날인 14일 목요일에 제자들과 최후 만찬(고별만찬)을 거행하시고, 그 다음날인 파스카 당일에 돌아가신 것이다. 요한복음 사가는 예수님께서 지고한 자유의지로 스스로 십자가의 죽음을 맞이하심으로써, 이렇게 당신의 '때'를 완성하셨음을 선포하면서, 예수님을 현세적 조건에서부터 성부의 영광에 참여하는 것으로 이끌어간 사건, 곧 십자가의 죽음이 예수님께는 물론이고, 그분을 통하여 성부를 믿는 이들에게 진정한 파스카(건너감)가 된다는 사실을 전하려는 것 같다.

예수님의 수난사:
군사들이 예수님의 옆구리를 창으로 찌르다

12

회칙 「성령의 영감(Divino afflante spiritu)」은 구약성경에 언급된 말씀과 사건들이 은총의 신약 시대에 이루어질 것을 미리 보여준다고 강조하고, 구약성경의 내용을 예수 그리스도를 중심으로 그리스도교적 시각에서 바라보면서 예형론적으로 해석하고 받아들여야 한다고 역설한다. 특히 예수님의 수난과 죽음을 전하는 부분에서는, 공관복음과 요한복음이 모두 구약성경에 이미 예언되었다고 증언한다.

이 단락을 증언하는 증인은 "이는 직접 본 사람이 증언하는 것이므로 그의 증언은 참되다. 그리고 그는 여러분이 믿도록 자기가 진실을 말한다는 것을 알고 있다."(19,35)라고 자신을 소개한다. 그리고 자신이 이 사건에 관한 직접적인 지식을 지님과 동시에 그 깊은 의미를 이끌어냈다고 증언한다. 그런데 요한복음서 전승이 바로 예수님께서 사랑하신 제자(19,26-27)의 증언에 바탕을 두고 있다는 점을 참조할 때(21,24), 이 증인은 아마도 예수님께서 '사랑하시는 제자'일 것이다.

앞에서 설명하였듯이 요한복음에 따르면, 예수님께서는 파스카 전날인 14일 목요일에 제자들과 최후 만찬(고별만찬)을 거행하시고 그 다

"예수님께 가서는 이미 숨지신 것을 보고 다리를 부러뜨리는 대신,
군사 하나가 창으로 그분의 옆구리를 찔렀다.
그러자 곧 피와 물이 흘러나왔다."(19,33-34)

음날인 파스카 당일에 돌아가셨다. 돌아가신 이튿날이 안식일이었기 때문에 유다인들은 "안식일에 시신이 십자가에 매달려 있지 않게 하려고, 십자가에 못 박힌 이들의 다리를 부러뜨리고 시신을 치우게 하라고 빌라도에게 요청하였다."(31절)라고 전한다. 이는 처형된 사람을 그날로 묻어야 한다는 신명기 규정[1]을 지키기 위해서인데, 십자가에 매달린 사람의 다리를 부러뜨리는(쇠곤봉 같은 것으로 무자비하게 부서뜨리는) 조치는, 아직도 목숨이 붙어 있는 사람을 바로 죽게 하는 것이었다. 그래서 군사들이 가서 예수님과 함께 십자가에 못 박힌 첫째 사람과 또 다른 사람의 다리를 부러뜨렸다. 예수님께 가서는 이미 숨지신 것을 보고 다리를 부러뜨리는 대신, 군사 하나가 창으로 그분의 옆구리를 찔렀는데, "그러자 곧 피와 물이 흘러나왔다."(34절)

여기서 '피와 물이 흘러나왔다'는 것은 우선 자연적인 현상을 묘사하는데, 사망 직후에 '피'와 함께 흘러나오는 '물'은 늑막에서 나오는 림프(임파)로 설명할 수 있다. 그러나 라삐들이 전하는 어떤 전승에 따르면 사람의 몸은 물과 피로 되어 있기 때문에, 이 두 요소가 흘러나왔다는 것은 실체적 죽음을 드러낸다. 더 설득력 있어 보이는 이 견해를 수용할 경우 예수님께서 외관상으로만 돌아가셨다고 주장한 초대 교회 이단 가현설(假現說)의 해석이 자연스럽게 배제된다.

우선 예수님의 옆구리에서 흘러나온 '물'에 대하여 살펴보자. 구약

---

1. "죽을죄를 지어서 처형된 사람을 나무에 매달 경우, 그 주검을 밤새도록 나무에 매달아 두어서는 안 된다. 반드시 그날로 묻어야 한다. 나무에 매달린 사람은 하느님의 저주를 받은 자이기 때문이다. 너희는 주 너희 하느님께서 너희에게 상속 재산으로 주시는 땅을 부정하게 만들어서는 안 된다."(신명 21,22-23)

성경 에제키엘 예언서의 마지막에는 예루살렘과 성전의 새롭고 이상적인 모습에 대한 자세한 언급이 나온다(에제 40-48장). 여기서 예언자는 시온 전승의 '낙원의 강' 모티브를 수용하여, 새롭게 세워질 성전의 이상적인 모습을 자세하게 묘사한다. 이스라엘의 타락으로 한때 이스라엘을 떠났던 주님의 영광이 이제 새롭게 세워진 성전으로 돌아오게 되며(43,1-9), 바로 그곳에서 '야곱의 운명이 되돌려지고'(에제 39,25) 다시 이스라엘을 통하여 주님의 거룩함이 드러날 것이다. 또한 이 새 성전이 위치하게 될 새 예루살렘의 이름은 '야훼-샴마'(에제 48,35)[2]로 불리게 될 것이라고 예언자는 선언한다. '주님께서 여기 계시다'라는 뜻의 이 이름에는, 돌아올 주님의 영광을 찬미하는 전례가 모든 규정에 따라 거행되는 예루살렘이야말로, 새로운 삶의 참된 중심이 될 것임을 포함한다.

특히 '성전에서 솟아오르는 물'의 단락(에제 47,1-12)은, "그가 다시 나를 데리고 주님의 집 어귀로 돌아갔다. 이 주님의 집 정면은 동쪽으로 나 있었는데, 주님의 집 문지방 밑에서 물이 솟아 동쪽으로 흐르고 있었다. 그 물은 주님의 집 오른쪽 밑에서, 제단 남쪽으로 흘러내려 갔다."(에제 47,1)라는 말씀으로 시작된다. 물이 귀한 팔레스티나에서는 샘이 가끔 생명력을 부여하는 하느님의 힘을 가리키는 상징으로 여겨졌다. 그래서 샘 부근에 성소를 짓기도 하였는데, 예루살렘에도 기혼 샘(1열왕 1,33-40 참조)에서 실로아로 흐르는 수로가 있었다. 에제키

---

2. 이 장소는 실제 도시인 동시에 상징이자 이상적인 장소로서, 열망과 소망으로만 존재하는 미래 현실에 대한 투영이기도 하다. 그렇기에 이 이름은 '주님께서 여기 계셔야만 한다."라는 청원이자 고백으로도 이해할 수 있다.

엘은 새로운 시온, 그곳에 세워진 성전 밑에서 새 샘이 흐르는 것을 본다. 옛 예루살렘에 흐르던 실로아 물이 하느님의 구원 개입을 드러내기에는 너무 초라하다고 생각하는 이들이 있었다(이사 8,6 참조). 그런데 이제 새 성읍에서(시편 46,5 참조) 흘러나와 점점 커지는 이 샘은, 팔레스티나 땅에서 가장 메마른 지역을 비옥하게 만들면서 거칠 것 없이 생명력을 부여하는 주님의 능력을 드러내게 된다. 그분께서는 바로 당신의 영광을 이 새 성전에 자리 잡게 하셨다. 그래서 이 생명력을 지

"목마른 사람은 다 나에게 와서 마셔라.
나를 믿는 사람은 성경 말씀대로
'그 속에서부터 생수의 강들이 흘러나올 것이다.'"(7,37-38)

닌 '생명수'는 바로 하느님에게서 흐르는 것과 마찬가지다. 수많은 과일나무(에제 47,7)와 효과 좋은 약재로 쓰이는 잎을 가진 나무가 자라는 (에제 47,12) 이 풍부한 물길의 광경은 에덴에 있던 낙원의 표상을 이어받는다. 그곳에서도 신기하게 물이 흐르고, 무성한 나무들 한가운데에 '생명나무'가 자리 잡고 있었다(창세 2,9-14).

또한 '성전에서 솟아오르는 물' 단락(에제 47,1-12)은 당신 몸을 '성전'으로 지칭하신 예수님 옆구리에서 흘러나온 '물'을 자연스럽게 연상시키는데, 이것은 예수님께서 '성전을 정화하시는 단락'(2,13-22)[3]과 연결된다. 요한복음은 마흔여섯 해나 걸려 지은 성전을 허물면 사흘 안에 다시 세우겠다는 당신의 말씀처럼, 모진 박해와 수난으로 십자가에 처형되신 예수님께서 사흗날에 되살아나셨는데, 그분께서 죽은 이들 가운데에서 부활하신 뒤에야 제자들은 예수님께서 이 말씀을 하신 것을 기억하고, 성경과 그분께서 이르신 말씀을 믿게 되었다고 전한다. 신약성경의 요한계 문헌들도, 이러한 구약성경의 예언이 예수 그리스도, 그리고 희생된 어린양에게서 실현된다고 보았다. 새로운 성전(요한 2,21)인 예수 그리스도의 몸, 곧 그분의 옆구리(요한 19,34)에서 '영원한 생명을 누리게 하는 물'이 흐른다(요한 4,14; 7,37-39). 그리고 희생된 어린양의 천상 어좌에서는 '생명수의 강'이 흘러나온다(묵시 22,1.2).

또한 요한은 첫째 서간에서 "그분께서 바로 물과 피를 통하여 세상

---

3. "그러자 예수님께서 그들에게 대답하셨다. '이 성전을 허물어라. 그러면 내가 사흘 안에 다시 세우겠다.' 유다인들이 말하였다. '이 성전을 마흔여섯 해나 걸려 지었는데, 당신이 사흘 안에 다시 세우겠다는 말이오?' 그러나 그분께서 성전이라고 하신 것은 당신 몸을 두고 하신 말씀이었다. 예수님께서 죽은 이들 가운데에서 되살아나신 뒤에야, 제자들은 예수님께서 이 말씀을 하신 것을 기억하고, 성경과 그분께서 이르신 말씀을 믿게 되었다."(2,19-22)

에 오신 예수 그리스도이십니다. 물만이 아니라 물과 피로써 오신 것입니다. 이것을 증언하시는 분은 성령이십니다. 성령은 곧 진리이십니다."(1요한 5,6) 하고 증언한다.[4] 이 말씀에서 '물'과 '피'는 통상 두 가지로 이해되는데, 우선 이 구절(요한 19,34)에서 설명한 것처럼 예수님의 옆구리에서 나온 '피와 물'을 가리키는 것이다. 다음으로 '물'은 예수님께서 요르단 강에서 받으신 세례를,[5] 그리고 '피'는 예수님께서 십자가 위에서 겪으신 죽음을 가리킨다.[6] 이와 같이 영광스러운 그리스도와 인간 예수님을 분리하는 이단자들에 대항하여, 요한은 위의 두 가지 설명을 종합하여 하느님의 아드님이신 예수 그리스도께서 실제로 당신 자신을 희생 제물로 바치셨음을 역설한다. 아울러 요한은 이 역사적 사건을 십자가상의 '피와 물'의 상징으로 상기시킨다. 그는 또 이 '피와 물'을 교회의 성사와 관련된 상징과 표징으로 보는데, 일반적으로 '물'은 세례성사를, '피'는 성체성사를 가리킨다고 본다. 일부 학자들은 여기에서 예수님, 곧 새 아담의 열린 옆구리에서 나오는 새 하와, 곧 교회의 탄생을 보기도 한다.

그런데 요한복음 사가는 군사들이 예수님의 옆구리를 창으로 찌를 때 "그의 뼈가 하나도 부러지지 않을 것이다." 하신 성경 말씀이 이루어지려고 이러한 일들이 일어난 것이라고 설명한다. 여기서 요한은

---

4. 이 말씀을 근거로 일부에서는 요한이, 예수님께서 피와 물을 흘리셨다는 사실을 성령의 내림을 가리키는 표징으로 간주하였을 수 있다고 주장하기도 한다.
5. 이단자들은 이때 영광스러운 천상 그리스도가 내려와 인간 예수님과 합쳐졌다고 주장한다.
6. 이단자들은 이때 그리스도가 인간 예수님을 떠났다고 주장한다.

고통 받는 의인이 시련 중에 하느님의 보호를 받는다는 점을 강조하는 "그의 뼈들을 모두 지켜 주시니 그 가운데 하나도 부러지지 않으리라."(시편 34,21)라는 말씀과 "어느 집이든 한 집에서 먹어야 한다. 고기를 집 밖으로 가지고 나가면 안 된다. 뼈를 부러뜨려서도 안 된다."(탈출 12,46), 그리고 "아침까지 아무것도 남겨서는 안 되고, 뼈를 부러뜨려서도 안 된다. 파스카 축제의 모든 규정에 따라 그것을 지내야 한다."(민수 9,12)는 파스카 축제 때 준수해야 할 규칙을 결합한 것으로 보인다. 이를 통하여 요한은 절기상 파스카 축제 때 십자가에서 돌아가신 예수님의 죽음이 파스카의 어린양처럼 모든 이의 대속을 위한 희생 제물이었음을 강조하려고 한 것으로 보인다. 파스카는 이렇게 예수님의 죽음으로 완성된다(요한 19,36; 1코린 5,7).

또한 요한복음 사가는 즈카르야 예언서에서 하느님께서 사람들에게 찔려 죽은 당신의 사자(使者)와 당신 자신을 동일시하시는 "그들은 나를, 곧 자기들이 찌른 이를 바라보며, 외아들을 잃고 곡하듯이 그를 위하여 곡하고, 맏아들을 잃고 슬피 울듯이 그를 위하여 슬피 울 것이다."(즈카 12,10)라는 예언에서 영감을 받아 "그들은 자기들이 찌른 이를 바라볼 것이다."(19,37)라고 그 예언 말씀을 일부 인용하면서 군사들이 예수님의 옆구리를 창으로 찌른 단락을 마무리한다. 이와 같이 하느님께서는 당신의 사랑하는 예수님께서 당신 뜻에 따라 버림받은 의인처럼 고독하게, 쓸쓸하면서도 평온하고 장엄하게 마지막 숨을 거두시는 사명을 완수하시는 그 순간에 함께하셨다.

이어서 아리마태아 출신 요셉과 언젠가 밤에 예수님을 찾아왔던 니코데모(3,1-21; 7,50 참조)가 예수님의 장례를 모시는 것으로 요한복음의

모든 이의 대속을 위한 희생 제물,
곧 파스카의 '어린양'이신 그리스도께서는
당신 자신을 희생하심으로써 죽음을 이기신 승리자가 되셨도다.

수난사는 끝난다(19,38-42). 예수님의 제자였지만 유다인들이 두려워
그 사실을 숨기고 지내던 아리마태아 사람 요셉이 빌라도에게 가서 예
수님의 시신을 거두게 해 달라고 청하였는데, 빌라도가 이를 선뜻 허
락한 것으로 보인다. 그러자 요셉은 니코데모와 함께 예수님의 시신을
모셔다가 유다인들의 장례 관습에 따라, 시신을 방부 처리하는 데에도

사용되던 몰약(마태 2,11 참조)과 향료로 사용하던 침향(시편 45,9; 잠언 7,17)을 무려 백 리트라(약 32킬로그램) 섞어, 향료와 함께 아마포로 감싼 다음 예수님께서 십자가에 못 박히신 곳에 있던 정원의 아직 아무도 묻힌 적이 없는 새 무덤에 예수님의 시신을 모셨다. 당시의 무덤은 자연적으로 생기거나 인공적으로 판 동굴이었는데, 통상적으로 사람들은 이런 종류의 무덤을 공동으로 이용하였다.

　요한복음은 "그날은 유다인들의 준비일이었고 또 무덤이 가까이 있

"예수님께서 십자가에 못 박히신 곳에 정원이 있었는데,
그 정원에는 아직 아무도 묻힌 적이 없는 새 무덤이 있었다.
그날은 유다인들의 준비일이었고 또 무덤이 가까이 있었으므로,
그들은 예수님을 그곳에 모셨다."(19,41-42)

었으므로, 그들은 예수님을 그곳에 모셨다."(19,42)라는 말씀으로 예수님의 수난사를 마감하고 부활을 준비한다.

열렬한 바리사이 출신으로 당대에 저명한 율법교사 가믈리엘 랍비에게서 교육을 받은 바오로는 예수님의 직제자도 아니었습니다. 더욱이 바리사이로서 그리스도인을 박해하던 그가* 어느 날 갑자기 회심하고 복음을 선포하게 된 것은 오직 모태에서 이미 자기를 부르신 하느님의 은총으로 일어난 일이었음을 고백합니다. "그러나 어머니 배 속에 있을 때부터 나를 따로 뽑으시어 당신의 은총으로 부르신 하느님께서 기꺼이 마음을 정하시어, 내가 당신의 아드님을 다른 민족들에게 전할 수 있도록 그분을 내 안에 계시해 주셨습니다. 그때에 나는 어떠한 사람과도 바로 상의하지 않았습니다."(갈라 1,15-16)

뿐만 아니라 갈라티아 신자들에게 보낸 서간에서 바오로는, 예수님의 공생활에 함께하지 않았고 그분의 수난과 부활의 목격 증인도 아니

---

* "내가 한때 유다교에 있을 적에 나의 행실이 어떠하였는지 여러분은 이미 들었습니다. 나는 하느님의 교회를 몹시 박해하며 아예 없애 버리려고 하였습니다."(갈라 1,13); "나는 전에 그분을 모독하고 박해하고 학대하던 자였습니다."(1티모 1,13); "사울은 여전히 주님의 제자들을 향하여 살기를 내뿜으며 대사제에게 가서, 다마스쿠스에 있는 회당들에 보내는 서한을 청하였다. 새로운 길을 따르는 이들을 찾아내기만 하면 남자든 여자든 결박하여 예루살렘으로 끌고 오겠다는 것이었다."(사도 9,1-2)

었으며, 교회를 박해하던 자기 자신을 사도라고 밝힙니다. 곧 "사람들에게서도 또 어떤 사람을 통해서도 파견된 것이 아니라, 예수 그리스도와 그분을 죽은 이들 가운데에서 일으키신 하느님 아버지를 통해서 파견된 사도"로 자신을 소개하면서, 자기가 전하는 복음은 하느님께서 직접 계시하신 내용임을 천명합니다. 여기서 '계시'란 하느님께서 당신 자신에 관한 진리와 당신의 계획을 알려주시는 것을 말하는데, 하느님께서 그에게 밝혀주신 이 계시 자체가 바오로가 복음을 전할 수 있는 유일한 권위의 원천이었습니다. 그리고 사도들의 공동체는 이 권위를 인정하였습니다(갈라 2,7-9).

바오로 사도 역시 구약성경의 권위와 그 영감과 진리에 대하여 확고한 믿음을 가지고 있었는데, 그는 성경이 하느님의 구원계획을 증언한다고 확신합니다. 무엇보다도 부활하신 예수님을 만나 뵙고 회심한 후에는 하느님의 아드님 예수 그리스도에 관한 복음이 "하느님께서 당신의 예언자들을 통하여 미리 성경에 약속해놓으신 것"(로마 1,2)이라고 선포합니다.

이와 같이 생전의 예수님을 한 번도 뵙지 못하고 오직 계시를 통해서만 하느님과 예수님에 관한 진리를 깨닫게 된 바오로와 예수님의 공생활에 함께하면서 그분의 말씀과 활동을 직접 눈으로 보고 삶으로 체험한 열두 사도의 증언이 일치한다는 점에서 우리는 성경이 성령의 영감에 의해서 저술되었다는 사실을 깨닫게 됩니다. 하느님께서는 당신이 선택한 이들 안에서 활동하시며 당신이 원하시는 진리를 기록하도록 하셨는데, 이 과정에 성령의 '영감'이 함께하셨던 것입니다.

이 소책자에서 우리는 요한복음이 저술된 최종 의도가 하느님의 아드님이시며 사람들의 구원자이신 예수님을 선포하는 것이라는 사실을 확인하였습니다. "길이요 진리요 생명이신"(요한 14,6) 그리스도! 이분은 아버지 하느님을 계시하시고, 생명의 최종 원천이신 아버지께 갈 수 있게 하는 유일한 분이십니다! 이처럼 예수 그리스도의 인격은 "중개자이시며 동시에 모든 계시의 충만" 자체이시기 때문에, 구약과 신약성경의 전승들은 결정적으로 충만한 의미를 부여하는 그리스도의 이 신비에 비추어 해석되어야 한다는 진실도 깨닫게 되었습니다.

우리가 살펴보았듯이 요한복음은 아드님 예수님과 아버지 하느님께서 '완벽한 일치'의 관계라는 사실을 자주 천명합니다. 아드님의 사랑은 아버지의 사랑에서 유래하며, 제자들에 대한 사랑은 아드님께서 하느님 아버지에게서 받은 사랑에 뿌리를 내리고 있습니다. 아드님께서 전해주시는 계시는 아버지에게서 오며 아버지를 알게 해주는데, 그것은 아버지에 대한 진리이기도 하지만, 사람들의 행동을 위한 본보기가 됩니다. 이처럼 하느님에 관한 진리와 사람들의 구원에 관한 진리는 밀접한 관계를 맺고 있습니다.

그러나 전능하시고 거룩하시며 무한히 초월하시는 하느님과 그분에 관한 계시의 말씀이 수록된 성경의 계시는, 유한하며 나약하기까지 한 우리 인간이 완전하게 알아듣고 깨달을 수 없는, 우리의 지성을 무한정 뛰어넘는 신비입니다. 그럼에도 성경은 사람으로 태어나신 하느님과의 인격적인 만남으로 여전히 우리를 초대합니다. 육화하신 하느님의 말씀에 관한 이 놀라운 신비를 묵상하면서 그분과의 만남을 준비하는 마음가짐과 자세에 대하여 성 에프렘 부제는 '디아테사론 주해'(1,18-19: SCh 121,52-53)에서 '하느님의 말씀은 그치지 않는 생명의 샘이다'라는 주제로 우리에게 심오한 가르침을 줍니다. 커다란 울림을 주는 이분의 말씀으로 이 소책자를 마무리하려고 합니다.

'하느님의 말씀은 그치지 않는 생명의 샘이다'

주님, 당신의 단 한 말씀이라도 그것이 지닌 부요를 누가 다 이해할 수 있겠습니까? 우리는 샘에서 물을 마시는 목마른 사람처럼 당신 말씀에서 마시는 분량보다 거기다 남겨 두는 것이 훨씬 더 많습니다. 주님, 당신의 말씀은 그것을 연구하는 사람들이 갖고 있는 많은 견해에 따라 많은 가닥의 의미를 지니고 있습니다. 주님은 당신의 말씀을 여러 색깔로 채색하시어 그 말씀을 고찰하는 사람마다 그 안에서 자기가 좋아하는 것을 볼 수 있게 하십니다. 우리가 주님의 말씀을 묵상할 때 거기서 풍성하게 찾을 수 있도록 주님은 그 안에 많은 보화를 숨기셨습니다.

하느님의 말씀은 모든 가지에서 복된 열매를 맺게 하는 생명의 나무입니다. 그것은 사방에서 영신의 물을 샘솟게 한 사막의 갈라진 바위와 같습니다. 바오로 사도가 말한 것처럼 "우리 조상들은 그 나무에서 영적 양식을 먹었고 그 샘에서 영적 음료를 마셨습니다."

누가 말씀의 보화의 한 부분을 접하게 될 때 자기가 찾아낸 것이 그 말씀에 담겨 있는 유일한 것이라고 생각하면 안 됩니다. 그 안에 담겨 있는 여러 보화 중에 한 가지만 찾아낼 수 있었다고 생각해야 합니다. 자기가 그 하나만 찾아냈다고 해서 그 말씀은 쓸모없고 빈약한 말이라고 하면서 경시하지 말아야 합니다. 오히려 자기가 모두 찾아낼 수 없었던 그 말씀의 부요에 대해 감사해야 합니다. 내가 진 것을 기뻐해야 하며 그 말씀이 나를 이겼다는 데에 슬퍼하면 안 됩니다. 목마른 사람은 물을 마실 때 그것을 흐뭇하게 마셨다고 해서 기뻐하지만 그 샘을 다 마셔 버려 바닥낼 수 없다고 해서 슬퍼하지 않습니다. 당신의 갈증이 그 샘의 물을 다 마셔 없애 버릴 필요가 없습니다. 도리어 샘이 그 갈증을 풀어 주어야 합니다. 샘물이 바닥나지 않고 갈증이 해소된다면 당신은 목마를 때마다 다시 그 샘물을 마실 수 있습니다. 그러나 갈증이 해소되고 샘도 역시 다 말라 버린다면 당신의 승리는 손해가 됩니다.

받은 것에 대해서 감사하고 뒤에 남겨 둔 풍요에 대해 투덜대지 마십시오. 이미 받은 것과 도달한 것이 당신께 돌아온 몫이며 남아 있는 것은 당신이 앞으로 받을 유산입니다. 당신의 나약성 때문에 한때 받을 수 없는 것은 인내만 한다면 다른 때 받을 수 있을 것입니다. 한입에 마실 수 없는 것을 한입에 마시려고 하는 욕심을 부리지 말고 차차 조금씩 마실 수 있는 것을 게으름 때문에 포기하지 마십시오.

주교회의 성서위원회, 『주석성경』, 한국천주교주교회의, 2010.

루돌프 슈낙켄부르크, 『복음서의 예수 그리스도』, 김병학 옮김, 분도 출판사, 2009.

교황청 성서위원회, 『성경의 영감과 진리』, 박영식 옮김, 한국천주교 주교회의, 2014.

가톨릭신학연구실, 『요한계 문헌』, 가톨릭교리신학원, 2015.

이기락, 『우리가 부를 때마다』, 가톨릭출판사, 2022.